W0075812

Dela Kienle

# Ein Jahr in Rom

Dela Kienle

# Ein Jahr in Rom

## Reise in den Alltag

FREIBURG · BASEL · WIEN

Originalausgabe

© Verlag Herder GmbH, Freiburg im Breisgau 2009
Alle Rechte vorbehalten
www.herder.de

Satz: Dtp-Satzservice Peter Huber, Freiburg
Herstellung: CPI Moravia Books, Pohorelice

Gedruckt auf umweltfreundlichem, chlorfrei gebleichtem Papier
Printed in Czech Republic

ISBN 978-3-451-05994-0

# Inhalt

Juni – Alle Wege …                                  7

Juli – Das große Fressen                           25

August – 40 Grad im Schatten                       39

September – Im Namen des Vaters                    56

Oktober – Ja, sie wollen!                          71

November – Absurdistans Hauptstadt                 88

Dezember – O du Fröhliche                         101

Januar – Verkehrsbe(un)ruhigt                     120

Februar – Falsche Marokkaner                      134

März – Von Tigern und Teufeln                     150

April – Zusammen                                  164

Mai – Hin und weg                                 177

Anmerkungen                                       185

# Juni – Alle Wege ...

*Erste Lektion, in der ich lerne, dass vielleicht alle Wege nach Rom, aber dort nicht gleich zu einer erträglichen Mietwohnung führen.*

Es gibt nichts Unerfreulicheres, als den Morgen in einer Zugtoilette zu beginnen – in einer dieser klaustrophobisch kleinen Kabinen der „Ferrovie Italiane". Zwölf Stunden braucht der Nachtexpress von München nach Rom, und mit jedem Kilometer, den der Zug Richtung Süden rattert, verschärft sich die Lage: Ab Kufstein quellen durchweichte Wegwerfhandtücher aus dem Mülleimer. Ab dem Brenner nimmt die Müdigkeit der Reisenden zu und die Pinkel-Treffsicherheit ab. Hinter Verona fängt der Wasserhahn an zu röcheln, egal wie energisch man das Pumppedal betätigt. Und diesmal hatte einer kurz vor Bologna mit Zahnpasta *„Che schifo!"* auf den Spiegel geschmiert: „Wie eklig!" Er hatte zweifellos recht. Bloß: Dieses eine Mal konnte mich all das nicht stören. Nicht an diesem Morgen, nicht auf dieser Reise – nicht knappe hundert Kilometer vor meinem Ziel.

Bei einem livrierten Zugbegleiter erstand ich ein *cornetto* [1] und ein Plastikbecherchen mit dampfendem Espresso. Damit schwankte ich zurück zu meinem Abteil, stemmte mich gegen die quietschende Schiebetür – und blinzelte. Wo vor einer Viertelstunde noch eine dicke, beige Plastikjalousie für Dunkelheit gesorgt hatte, schien plötzlich die Morgensonne durchs Fenster, schaukelten draußen mattgrüne Hügelketten vorbei. Die dreistöckigen Schlafpritschen waren weggeklappt. Und auf der Sitzbank saßen meine beiden Reisegefährten und schauten mich erwartungsvoll an. Ich hatte sie bis dahin nur im Halbschlaf wahrgenommen. In Rosenheim waren sie mit großem Gepolter eingestiegen; später wechselten sie sich ab mit sonorem Schnarchen (Pritsche links unten) und unterdrücktem „*Giuseppe! Pssst! Basta!*"-Gezischel (Pritsche links Mitte). Es war ein ältliches Ehepaar. Exil-Italiener, ganz klar – wahrscheinlich in den 1950ern nach Bayern gezogen, als es noch keinen Latte-Macchiato-Hype gab, sondern nur den unfreundlichen Begriff „Gastarbeiter". Man kann leicht erkennen, wenn Italiener seit Jahrzehnten im barbarischen Norden leben, weil sie dann etwa, wie diese beiden gerade, mit gutem Appetit Salamibrote frühstücken. Deftiges um 7.30 Uhr morgens gilt normalerweise als vollkommen unmöglich. „*Buongiorno, Signorina!* Gut geschlafen?", schmetterte mir der Mann entgegen.

Ein paar Bahnstationen später kannte ich die Lebensgeschichte der Signori Pollari, vom kalabresischen Heimatdorf, in das sie gerade wegen der Hochzeit einer Nichte fuhren, bis hin zur Dackeldame *Salsiccia* (Wurst), die inzwischen auf langen Zugfahrten an Inkontinenz litt und deshalb derzeit bei Tochter und bayerischem Schwiegersohn logierte. „Und Sie, Signorina? Sie machen Urlaub, eh?", sagte Giuseppe Pollari schließlich. „Aber viel Gepäck für Urlaub!" – „Na ja", sagte ich und schaute schuldbewusst auf zwei enorme Rollkoffer, den Computerrucksack und eine Reisetasche, die vollgestopft war wie ein Mastschwein und halb unter dem Sitz hervorlugte. „Es ist kein Urlaub. Eher ein kleiner Umzug. Wenn alles klappt, werde ich ein Jahr in Rom leben, meine Uni-Abschlussarbeit schreiben und nebenher ein bisschen als Journalistin arbeiten. Vielleicht will ich später dort auch einmal auf Dauer leben, wer weiß." – „Ganz alleine, in Rom?", fragte Signor Pollari mit erschrocken aufgerissenen Augen. Italiener machen sich furchtbar gerne Sorgen um Familienmitglieder; und da mich Signor Pollari in der letzten halben Stunde so gut wie adoptiert hatte, lieferte es einen phantastischen Anlass zur Sorge, dass ich einsam und ahnungslos durch die römische Großstadt irren wollte. „Ach was", widersprach seine Frau, *„avrà un fidanzato a Roma, no?"* Und sie nickte zufrieden, als ich rot anlief wie eine San-Marzano-Tomate.

Der Ausdruck *fidanzato* ist für unabhängigkeitsliebende deutsche Mittzwanziger ziemlich gewöhnungsbedürftig. Wörtlich bedeutet er nämlich „Verlobter". Er wird zwar schon gern gebraucht, sobald die ersten amourösen Verstrickungen gelöst sind und man, sagen wir mal, öffentlich händchenhaltend durch sein Viertel schlendert. Aber trotzdem: Wo Deutsche noch drucksend von „Freund", „Beziehung" und „mal sehen, wie's weiterläuft" sprechen, läuten in Italien – rein sprachlich gesehen – fast schon die Hochzeitsglocken. Das Wort *fidanzato* brachte mich regelmäßig in Verlegenheit. Erst recht, wenn es gerade um meinen Rom-Umzug ging.

Dass ich dort die Uni-Abschlussarbeit schreiben wollte, stimmte schon. Es war die offizielle Version für Professoren und „du-solltest-dich-nicht-so-viel-in-der-Weltgeschichte-herumtreiben"-Mahner. Als Journalistin arbeiten? Na ja. Ich hatte diverse Praktika und eine glorreiche Nebenjobkarriere beim Bonner General-Anzeiger (Lokalteil Beuel, Schulfest- und Verkehrsunfallgeschichten für 20 Cent pro Zeile) hinter mir. Außerdem hatte ich gerade die Zusage bekommen, dass ich an einer Hamburger Journalistenschule angenommen worden sei, an die ich nach Uni und Romjahr wahnsinnig gerne gehen wollte. Aus Rom würde ich vielleicht tatsächlich den einen oder anderen Artikel verkaufen können. Doch der wahre Umzugsgrund war schrecklich klischeehaft – denn ich hatte tatsächlich einen Fidanzato: Daniele, 27, waschechter Römer. Er hatte dunkle Wuschelhaare, einen verrosteten roten Renault Quattro und eine Abneigung gegen lange Telefonate, was unsere Fernbeziehung nicht gerade einfacher machte. Mit dem üblichen „mal sehen" würden wir zwei nicht weiterkommen – aber vielleicht, wenn wir endlich in der gleichen Stadt lebten?

Daniele schien den Umzug wert, und unter uns: Einmal in Rom zu leben, empfand ich nicht gerade als Opfer. Ich hatte schon während des Studiums ein Jahr im überschaubar kleinen Florenz verbracht, das fest in der Hand von Erasmus-Studenten und Touristen war. Aber Rom mit seinem Hauptstadtchaos, seiner merkwürdigen Mischung aus Uraltem und Neuem, mit seinen schnoddrigen Einwohnern … das war etwas anderes! Das war Italien für Fortgeschrittene – auch wenn mir schon schwante, dass ich etliche Nachhilfestunden nötig haben würde. Ob ich da wohl zurechtkommen würde? Ob es mit Daniele klappen würde? Ob ich mir irgendwann vorstellen könnte, in Rom zu leben? „Gleich sind wir da!", rief Signor Pollari plötzlich und begann, Koffer vom Gepäcknetz zu zerren und seine Jacketttaschen abzuklopfen nach den Reservierungen für die Weiterfahrt. Draußen hatten sich die Gleise vervielfacht; das Gewirr aus Oberleitungsdrähten zerschnitt den blauen Himmel, und der Zug holperte langsam durch einen Metallmasten-Wald: „Roma Termini" stand auf einem großen Schild. Hauptbahnhof, Endstation. Plötzlich war ich nervös.

Fast eine halbe Million Menschen durchkreuzen täglich Termini – Reisende, Bettler, illegale Taxifahrer, Pilger, fliegende Händler und unzählige Römer im Businesslook, die schnell zur Arbeit müssen, obwohl die Metro mal wieder streikt, verdammt. Von der halben Million, schätzte ich, wuselte etwa die Hälfte gerade auf dem Bahnsteig herum, auf dem ich jetzt mit Rollkoffern, Computerrucksack und Mastschwein-Reisetasche stand. Die Pollari hatten mir noch herzlich „*In bocca al lupo!"²* gewünscht und waren dann in der Masse verschwunden. Ich fühlte mich verloren. Wo war Daniele? *No, grazie,* ich brauche kein Hotel! *No, grazie,* ich will nicht zum exklusiven Sonderpreis zum Kolosseum kutschiert werden! Mit Profiblick hatten Nepper und Schlepper mich als Rom-Neuling enttarnt, umkreisten mich wie hungrige Hyänen, die leichte Panik und lockere Euros witterten. Ein Schnurrbartträger setzte gerade zur nächsten multilingualen Attacke an: „Inglish? Deuts? You want cheap room?" Doch da kam Daniele wild winkend angelaufen, außer Atem, lachend, erzählte irgendwas von Parkproblemen, und dann fielen wir uns in die Arme und küssten uns, und die Hyänen waren ratzfatz verschwunden. Ein einheimischer Fidanzato, tja, dann war wohl gerade nichts zu holen. Aber sie würden mich schon noch kriegen, sobald ich alleine unterwegs wäre. Auf irgendwas fällt jeder rein in Rom.

Danieles rostroter Renault Quattro war fragwürdig schräg zwischen einem Straßenlaternenpfahl und einem Müllcontainer geparkt. Ich kannte und mochte dieses Auto von früheren Besuchen. In besseren Zeiten hatte es Danieles Bruder gehört, und wenn man vorn in der Ablage wühlte, fand man noch Parkzettel von 1988. Zum letzten Mal durch den TÜV gekommen war es nur, weil der Bruder behauptet hatte, sein alter Vater nutze es nur noch auf Feldwegen, um damit zum Olivenhain der Familie zu fahren. Der Vater ist wohlgemerkt pensionierter Lehrer und besitzt keine Olivenbäume, sondern nur Blumenkästen auf dem innerrömischen Balkon. Die hintere Sitzbank des Renaults war schon lange ausmontiert, so dass tatsächlich Platz war für mein ausladendes Gepäck, zwischen Reservekanister, Picknickdecke, ein paar zerknitterten Ausgaben der *Repubblica* und einem halb aufgepumpten Fußball. Irgendwie war dieses Auto wie Daniele, dachte ich, während ich mich auf den Vordersitz plumpsen ließ: kein bisschen eitel, liebenswert und unkonventionell. Mit dem sauber ausgesaugten Alfa Romeo vom Papa protzen kann ja jeder. „Was hast du bloß alles mitgeschleppt?", fragte Daniele, als er endlich alle Koffer verstaut hatte. „Alles Unikram! Ich hab sicher zwei Bibliotheksregale voll mit Büchern kopiert", behauptete ich. *„Brava!* Meine strebsame deutsche Freundin", grinste Daniele. „Hoffentlich hast du auch noch Zeit für anderes als für die Abschlussarbeit!"

Natürlich hatte ich Zeit, zunächst sogar mehr als jeder andere. Während Danieles Wecker frühmorgens klingelte und er sich schlaftrunken ins Pendlerchaos stürzte – er ist Ingenieur und arbeitete am anderen Ende Roms –, drehte ich mich auf meiner Gästematratze um, braute später mit der silbernen Caffettiera Espresso und brach dann zu Erkundungstouren in die Innenstadt auf. Am ersten Tag probierte ich ein halbes Dutzend Eisdielen auf der Suche nach dem perfekten Erdbeereis. Am zweiten Tag besichtigte ich das Forum Romanum. Und am dritten Tag ärgerte ich mich, dass ich weder auf der Spanischen Treppe noch auf der Piazza Navona in die Sonne blinzeln konnte, ohne gleich von kaugummikauenden Möchtegern-Latin-Lovers angequatscht zu werden. Ich machte also genau das, was Rombesucher eben so machen, und das war zweifellos großartig – aber eben kein Alltag, nicht das, was ich diesmal wollte. Am vierten Tag kaufte ich mir also das Anzeigenblatt *Porta Portese.*

„Ich hab mit der Wohnungssuche begonnen!", verkündete ich abends und wedelte mit dem Immobilienteil, den ich inzwischen mit Kringeln und Ausrufezeichen dekoriert hatte. „Oje", sagte Daniele, *„in bocca al lupo!"* Den Ausspruch kannte ich jetzt ja schon. „Meinst du wirklich, dass es so schlimm wird?", fragte ich verunsichert. „Ich bin doch die perfekte Mieterin: Nichtraucher, keine Haustiere, freundliches Wesen…" – „Wahrscheinlich hast du's tatsächlich leichter", sinnierte Daniele. „Die denken sicher alle, so ein deutsches Fräulein putzt besonders gründlich und zahlt pünktlich die Miete." Ich streckte ihm die Zunge heraus. „Hör mal, im Ernst", sagte er, „der Wohnungsmarkt in Rom ist wirklich schwierig. Das meiste läuft unter der Hand. Ich kann mich mal umhören, wenn du willst." Ich nickte ergeben, beschloss aber, es trotzdem mit den Anzeigen zu versuchen. Einige klangen gar nicht schlecht. Und das Ganze hörte sich nach einer wertvollen Lektion im Romverstehen an.

Nun mag sich der eine oder andere fragen, warum ich nicht gleich bei Daniele wohnen bleiben wollte. Ehrlich gesagt habe ich mich das in den Folgetagen ebenfalls öfter gefragt, während ich mit *Porta Portese*, ausgedruckten Internetanzeigen und Telefonnummerschnipselchen aus der Uni durch Rom irrte. Aber es gab mehrere Gründe. Zunächst fand ich's schon spannend genug, mit ihm in der gleichen Stadt zu wohnen. Wir hatten uns einige Semesterferien zuvor bei einem deutsch-italienischen Theatercamp in Berlin kennengelernt und hatten dann mehr oder minder Kontakt gehalten – bis zu meinem Florenzjahr, als Wochenendbesuche einfacher wurden und es kurz vor meiner Heimreise zwischen uns funkte. Jetzt sofort zusammenzuziehen? Das fanden wir beide ein bisschen schnell. Dazu kam, dass Daniele gar nicht alleine wohnte. Nein, nein, er lebte nicht mehr bei Mamma – und wie ungewöhnlich das für einen Römer war, wurde mir erst ein paar Monate später klar, als ich einen größeren Bekanntenkreis hatte und wirklich niemand, niemand, niemand von zu Hause ausgezogen war. Aber zu diesem Thema komme ich später. Daniele jedenfalls hatte ein kleines WG-Zimmer in der Via Todi, ein paar Metrostationen südlich der Lateranbasilika. Der Wohnungsbesitzer war ein Bekannter, der nach Norditalien gezogen war. Er hatte ihm das Zimmer günstiger überlassen – unter der Bedingung, dass Daniele sich um die Wohnung, um Nebenkostenabrechnungen und um die Vermietung der anderen beiden Zimmer kümmerte. In einem wohnte schon länger Jochen, ein deutscher Archäologe, der an seiner Doktorarbeit schrieb, viel lachte und zweifelhaft kochte.[3] In dem anderen war vor kurzem ein Engländer namens Ryan eingezogen, der an einer Sprachschule jobbte, dort viele Mädchen kennenlernte und fast jeden Abend geräuschvollen Sex hatte. Daniele wohnte also in einer überbevölkerten, typischen Jungs-WG, und dort dauerhaft einzuziehen und auf der Gästematratze zu logieren, hatte ich nicht wirklich verlockend gefunden. Das war freilich vor dem Beginn meiner Wohnungssuche.

*„Trastevere affittasi monolocale arredato ampio E 550"*, ein weitläufiges, möbliertes Einzimmer-Apartment im Szeneviertel Trastevere: Ich war nicht die Einzige, für die diese Anzeige verheißungsvoll geklungen hatte. Ein gutes Dutzend junger Leute wartete schon vor dem Eingangstor auf den Makler, manche betont lässig, andere nervös damit beschäftigt, noch einmal die *Porta Portese* durchzuforsten und bei weiterer Wohnungen anzurufen. Ich schaute nach oben: ein wuchtiges, würdiges Wohnhaus, wahrscheinlich um die Jahrhundertwende gebaut. Die Fenster waren von grünen Läden umrahmt. Welches wohl zu der Wohnung gehörte? Oder lag sie vielleicht ganz oben, mit Zugang zu der kleinen Dachterrasse? Ich sah mich schon mit Blick über die Dächer bei Sonnenuntergang Rotwein trinken … Doch dann kam der Makler – und Bewegung in den Haufen der Wohnungssuchenden. Der Makler nickte links und rechts, murmelte irgendwas mit *„Allora …"* und *„Vediamo un pò!"*[4] und nestelte einen dicken Schlüsselbund aus seiner Aktentasche. Mit dem machte er sich dann allerdings nicht an dem schweren Eingangstor zu schaffen, sondern rund zwei Meter daneben an einer kleinen Tür. Ich hatte sie bis dahin gar nicht wahrgenommen: Sie sah

aus, als sei sie aus der Hauswand geschnitten, gleiche Farbe, gleiche Struktur. Hinter der Tür kam eine Treppe, und die stiegen wir nun im Gänsemarsch nach unten, in das „weitläufige Einzimmer-Apartment", das allerdings verdammt nach einem dunklen Souterrain mit Fensterschlitzen aussah. Und die Möblierung? Die bestand aus einem Campingtisch, einem Metallbett mit Goldschnörkeln, einem Gasherd und einem laut brummenden Kühlschrank. *„Da dove viene, signorina?"*, „Woher kommen Sie denn?", fragte plötzlich der Makler, der von hinten an mich herangetreten war. So war das immer: Zu meinem Leidwesen ging ich nie und nirgends als Italienerin durch – nicht mal im schummrigen Souterrain-Licht. Trug ich teutonische Kleidung? Lag es am fehlenden Make-up? Oder an meinen Haaren, die straßenköterbraun waren, doch in Italien regelmäßig als „blond" bezeichnet wurden? „Ich komme aus Deutschland", antwortete ich dem Makler matt, und der lächelte gewinnend. „Ja, ja, Ausländer lieben dieses Viertel! Bis vor Kurzem hat hier ein Amerikaner gewohnt. Zwei Monatsmieten Kaution fallen aber noch an. Und die Nebenkosten kommen natürlich extra." – „Ich überleg's mir", murmelte ich und floh Richtung Treppe, Richtung Licht.

Nach dieser Erfahrung begann ich, die Anzeigen kritischer zu lesen. *Affittasi posto letto:* Da wird nicht einmal ein ganzes WG-Zimmer vermietet, sondern nur ein Bett in einem Zweier- oder Dreierraum. *Vicino alla metro:* Doch, doch, ein dreißigminütiger Fußmarsch bis zur U-Bahn gilt als „nahe". *Stanza luminosa:* Es gibt ein Fenster, das nicht zum Lüftungsschacht hinausgeht. *In app. to con proprietari:* Der dickbäuchige Eigentümer und seine Tante leben ebenfalls in der Wohnung, und man trifft beide schon morgens im Bad. Ich schaute mir weitere Kellerlöcher an und WG-Zimmer, die nur durch einen Schrank von der Küche abgetrennt waren. Und wann immer ein Apartment erträglich, ein Zimmer o. k., eine

Wohnsituation machbar waren, gab es so viele Interessenten, dass ich am Schluss vergebens auf die Zusage wartete.

Ich brauchte Ablenkung und bessere Laune. Also rief ich Francesca an, und wir trafen uns auf dem Campo de Fiori zum Kaffeetrinken. Wie an jedem Morgen war Markt, und es dauerte ein wenig, bis wir uns zwischen den Fisch- und Gemüseständen entdeckt hatten. „Invasion aus dem Norden!", spöttelte Francesca zur Begrüßung, umarmte mich dann aber herzlich und gab mir rechts und links ein Küsschen. Francesca hatte ich, genau wie Daniele, ein paar Semester zuvor bei dem Theatersommercamp kennengelernt, und wir waren befreundet geblieben. Sie ist Ur-Römerin in der x-ten Generation, und das ist tatsächlich erwähnenswert, weil bei den allermeisten Hauptstadtbewohnern erst die Eltern oder Großeltern aus umliegenden Dörfern oder aus anderen italienischen Regionen hergezogen waren. Echte Römerinnen – und das schreibe ich voller Sympathie – sind das Gegenteil von den weltgewandten Londonerinnen oder den eleganten, kühlen Pariserinnen. Natürlich fehlt es auch in Rom nicht an Schickeria-tauglichen Geschäften, rund um die Via Condotti drängeln sich die Boutiquen von Dolce & Gabbana, Gucci und Bulgari; und natürlich schlägt auch die weniger betuchte Römerin unsereins um Längen, was die geschmackvolle Kleidungsauswahl angeht oder das nonchalante Stöckeln übers mörderische Kopfsteinpflaster.

Doch von solchen Äußerlichkeiten darf man sich nicht täuschen lassen: Echte Römerinnen haben etwas von den (selbstverständlich römischen) Marktfrauen hier am Campo de Fiori, von denen eine gleich neben unserem Cafétischchen gerade ihre Nichte anraunzte, weil die mit dem Artischockenputzen nicht vorankam. Römerinnen sind Grantlerinnen mit Herz, oft durchaus ruppig, so ähnlich wie alteingesessene Berlinerinnen. Auch der Romanesco-Dialekt klingt etwa so elegant wie breites Berlinerisch – also gar nicht. Natürlich ist die echte Römerin ungeheuer heimatverbunden. Dudelt mal wieder *„Roma Capoccia"*[5] im Radio, singt sie inbrünstig mit. Zwar seufzt sie oft, wie mühsam das Leben in der Hauptstadt geworden sei, der Verkehr, der Smog, die Preise ... Doch wegziehen? Niemals! Wohin denn auch? Touristen betrachtet sie mit einer Mischung aus verständnisvollem Mitleid („Die Armen, endlich sehen sie mal ein bisschen Kultur!") und Verachtung („Müssen die ihre dreckigen Sandalenfüße in unseren Brunnen waschen?").

Francesca war also eine echte Römerin. Sie hatte vor Kurzem ihr Geschichtsstudium mit Bestnote abgeschlossen, hangelte sich jetzt aber von Ausbeuterjob zu Ausbeuterjob, wie es bei den Absolventen von *lettere*[6] in Italien so üblich ist. Natürlich war sie AS-Rom-Fan, und alles andere hätte ihr auch den Zorn ihrer fußballverrückten Familie zugetragen. Ihr dunkelblaues *motorino* ritt sie kühn, aber sehr zerstreut über die dreispurige Via Portuense am Tiber, und obgleich sie schon immer in Rom gelebt hatte und dort wohl für immer leben wird, besaß sie einen erstaunlich schlechten Orientierungssinn. Wahrscheinlich weigerte sie sich insgeheim auch nur, den Vierteln außerhalb des Altstadtzentrums minimales Interesse entgegenzubringen, aber wann immer wir etwa zu Danieles Wohnung fuhren, musste ich, hinter ihr auf dem Motorino festgeklammert, ihr wieder aufs Neue die Richtungsanweisungen zuschreien, als sei sie noch nie die Tuscolana langgefahren. Dafür konnte Francesca, wenn sie wollte, aus dem Stand Vorträge über die italienische Renaissance halten – oder bissig und höchst amüsant über gemeinsame Bekannte lästern. Francesca war großartig. Und jetzt hörte sie voller Sympathie meine Jammereien über den Wohnungsmarkt an.

„Es ist hier ja wirklich schlimmer als in München", schmollte ich, nachdem ich von unzähligen Telefonaten und Besichtigungsterminen erzählt hatte. „Wieso München?", fragte Francesca und kippte ihren pechschwarzen *caffè* in einem Zug hinunter. „Weil München für Wohnungssuchende grauenhaft ist", erklärte ich. „Viel zu teuer, viel zu viele Interessenten, überall wird man mit Selbstauskunftsbögen gedemütigt ... Und hat man endlich was gekriegt, kassieren die Makler zwei Monatsmieten und lassen dich unmögliche Mietverträge unterschreiben; dass du die Wohnung blitzblank und frisch gestrichen zurückgeben wirst, obwohl sie bei der Übernahme dreckig und fleckig war." – „Na, zumindest das bleibt dir erspart!", sagte Francesca. „Die Flecken?", fragte ich. „Nein, der Vertrag! Auch wenn du etwas findest, wirst du keinen Vertrag bekommen. Das kannst du gleich vergessen!"

Es ist nämlich so in Rom: Wer irgendwie kann, kauft sich eine Wohnung. Und wenn der Kredit abbezahlt ist, spart er weiter, damit sich die erwachsenen Kinder irgendwann ebenfalls eine Wohnung kaufen können. Die Eigentumsquote liegt in Italien bei bis zu 80 Prozent – fast doppelt so hoch wie in Deutschland. Vielleicht liegt es an einem tief sitzenden Misstrauen gegen Banken, vielleicht an der früher üblichen Lira-Inflation – aber nur die eigenen vier Wände scheinen dem Römer Seelenruhe zu geben und die Gewissheit, dass er sein Geld vernünftig angelegt hat. Wenn dann eine alleinstehende Tante oder die alten Eltern sterben und der Römer plötzlich zwei oder drei Wohnungen besitzt, wird er sie wahrscheinlich nicht verkaufen, sondern als zusätzliches Sicherheitsnetz behalten wollen. Und dann vermietet er sie – aber zu den verqueren Bedingungen der Hauptstadt. Die Ehefrau oder ein volljähriger Sohn melden ihren angeblichen Erstwohnsitz, die *residenza*, in der Wohnung an. Einziehen werden dann aber Studenten oder junge, schlecht bezahlte Angestellte, deren Eltern leider in einem apulischen Dorf leben und nicht genügend Geld für sich, geschweige denn für Eigentumswohnungen in der Hauptstadt sparen konnten. Einen Mietvertrag? Gibt es in den meisten Fällen natürlich nicht. Dann müsste der *padrone*, der Hausbesitzer, ja auf die Mieteinkünfte Steuern zahlen. Und außerdem gäbe es gesetzlichen Kündigungsschutz für den Mieter. Dass der nämlich einfach nicht mehr ausziehen wird, ist der Alptraum aller römischen Wohnungsbesitzer – und gar nicht so unwahrscheinlich. Die Mieten der Hauptstadt sind die teuersten im ganzen Land und fressen laut Statistik über die Hälfte des Nettoeinkommens einer durchschnittlichen Angestelltenfamilie. Es passiert also leicht, dass eine Familie damit finanziell überfordert ist; und dann bezahlt sie gar nichts mehr, weil sie weiß, dass es aufgrund der lahmen Justiz mehrere Jahre dauern wird, bis erstmals eine Räumung versucht werden kann: ein sogenannter *sfratto*. In Internetforen kursieren Tipps, wie man eine solche Räumung über Jahre hinauszögern und den Wohnungsbesitzer samt lustlosen Polizisten wieder und wieder vergeblich antanzen lassen kann.

„Glaub mir, du bist gar nicht so schlecht dran!", behauptete Francesca. „Viele Wohnungsbesitzer suchen doch gezielt ausländische Studenten als Mieter! Ihr kennt eure Rechte nicht, und irgendwann geht ihr doch wieder zurück nach Hause." – „Rom macht's uns ja auch nicht gerade leicht!", seufzte ich. „Das wird schon noch", tröstete mich Francesca. Und dann bezahlten wir und spazierten durch die Via dei Cappellari, wo noch kleine Möbelrestauratoren und Rahmenvergolder arbeiteten, bummelten durch das Gassengewirr hinter der Piazza Navona und am Pantheon vorbei, aßen *Pizza al taglio* und stöberten bei Feltrinelli nach Büchern.

Als ich nach Hause kam, war ich wieder guter Dinge, und gleichzeitig fühlte ich mich ein bisschen schuldig: Da hatte ich so lange und ausgiebig gejammert, dass ich nirgends ein bezahlbares Apartment oder ein hübsches Zimmer finde – aber immerhin konnte ich danach suchen. Francesca arbeitete gerade als Mädchen für alles für einen Medizinkongress-Veranstalter, bekam für einen vollen Arbeitsmonat 450 Euro (schwarz) sowie vage Versprechungen, dass man vielleicht, vielleicht doch nach dem Sommer an einen Vertrag denken könnte, oder nach Weihnachten, mal sehen. Francesca nahm es als gegeben hin, dass sie zwar ein Universitätsdiplom hatte, aber die kommenden Jahre weiterhin in ihrem Kinderzimmer leben würde, in einer Wohnung mit den Eltern, dem jüngeren Bruder und der Promenadenmischung Brandy. Wie gern lästern wir Deutschen über das Phänomen der italienischen Muttersöhnchen (und -töchterchen), die angeblich einfach nicht ausziehen wollen, und gewiss sind Wäscheservice und Pasta-Catering im durchschnittlichen „Hotel Mamma" nicht zu verachten. Aber Tatsache bleibt doch, dass die meisten jungen Römer keine Wahl haben, wo sie wohnen wollen und wo nicht.

Am Samstagabend darauf war ich mit Daniele in Trastevere unterwegs. Wir hatten uns geduldig bei „Dar Poeta" in die Reihe der Hungrigen und Wartenden gestellt, nach einiger Zeit einen Tisch erobert und dann köstliche Pizza gegessen. Ich war selig, weil eine ungewöhnliche Kombination auf der Karte stand, die ich besonders mag: Pizza mit Mozzarella, viel Rosmarin – und hauchdünnen, knusprig gebackenen Kartoffelscheiben. Jawohl, Kartoffeln! Hört sich nicht sehr italienisch an, aber ich habe diese Pizza bisher nur in Rom gefunden. Nach dem Essen sind wir satt und zufrieden durch die engen Gassen geschlendert. Es war ein perfekter Sommerabend, überall flanierten erstaunlich schöne junge Menschen, den Motorinohelm in einem Arm, den Fidanzato (oder die Fidanzata) im anderen. Im orangen Licht der Straßenlaternen schienen die Häuser zu leuchten, die Brunnen plätscherten.

Romantik pur. Hätte ich's nur dabei belassen. „Komm, lass uns doch zum Gianicolo hinauflaufen", sagte ich stattdessen, „da ist es sicher wunderschön in der Nacht!" Der Gianicolo war ein Aussichtspunkt hoch über Trastevere. Ich war bei einem früheren Besuch einmal sonntagmittags hinaufgewandert, und der Blick über Rom war großartig. Aber Daniele rollte mit den Augen: „Zum Gianicolo? Nachts? Muss das sein?" – „Unbedingt!", sagte ich. „Stell dir vor: Wir beide da oben, unter uns die erleuchtete Stadt, über uns die Sterne ..." – „Stimmt, drei, vier Sterne kann man trotz Smog heute sehen", erwiderte er trocken. „Komm, sei kein Spielverderber!", schimpfte ich, und Daniele seufzte. „Na schön, du willst zum Gianicolo. Aber eine Nachtwanderung nach da oben kannst du wirklich vergessen. Lass uns mit dem Auto fahren – das ist wenigstens stilecht." Und mit diesem etwas mysteriösen Satz gingen wir zum rostroten Renault 4.

Um es kurz zu machen: Der Ausflug war ein Reinfall und eine Lektion in Sachen Mietmisere. Ja, schon, die Aussicht war bezaubernd. Aber wo immer es möglich war, parkten kreuz und quer Autos all jener jungen Römer, die höchst beengt bei ihren Eltern wohnten und es nie wagen würden, Freund oder Freundin zum Stelldichein ins Kinderzimmer einzuladen. Die Scheiben der Autos waren beschlagen, fast immer mit Zeitungspapier oder Kleidern zugehängt, als Blickschutz gegen die Spanner, die es hier oben wahrscheinlich paradiesisch fanden. Und das Ganze hatte nichts von Lass-uns-heute-mal-was-Wildes-Probieren, sondern war irgendwie trostlos. Ich wünschte den armen Pärchen ausladende, bequeme Betten anstelle von Fiat-Panda-Sitzen – und vor allem ein bisschen Ruhe und Privatsphäre.

Auf der Rückfahrt nach Hause schwieg ich deprimiert. Ich würde hier wahrscheinlich nie ein Zimmer finden. Vielleicht sollte ich die Auto-Idee aufgreifen: nicht für Sex, sondern fürs Schreiben meiner Abschlussarbeit. Ich könnte mit dem Renault von Bibliothek zu Bibliothek fahren und zwischendurch in einer Parklücke mein Laptop herausziehen. In den Kofferraum würden Aktenordner und Bücher passen, und vielleicht ließe sich der Drucker an den Zigarettenanzünder anschließen. Allerdings war ich eine extrem schlechte Autofahrerin und hatte mich noch nie in den römischen Chaosverkehr gewagt. Ich würde wahrscheinlich sofort einen Vespafahrer umnieten oder zumindest eine Reihe dieser lächerlichen Berlusconi-Pappschilder, die jahrein, jahraus Roms Straßen verschandelten, ob nun gerade Wahlen anstanden oder nicht.

Daniele hatte plötzlich angehalten, obwohl wir noch nicht zurück in der Via Todi waren. Der Renault verstummte mit einem Röcheln. Es war dunkel hier, und für römische Verhältnisse ungewöhnlich still. Durchs geöffnete Fenster hörte ich nur das Zirpen von Grillen. „Komm, ich zeig dir was, das wird dir gefallen!", sagte Daniele und stieg aus. Vor uns ragte ein Zaun in die Höhe mit dicken, grün gestrichenen Eisenstangen. Daniele wollte ja wohl nicht etwa ...? Doch, er wollte – und er wusste, wonach er suchte: An einer Stelle im Zaun waren die Stangen so montiert, dass man sich gerade durchquetschen konnte. Dann liefen wir durch einen kleinen, verwunschenen Park, der Kies knirschte unter unseren Füßen, es duftete nach Orangenblüten. Und plötzlich lag uns Rom zu Füßen – klein wie eine Spielzeugstadt. Wir waren auf der Aussichtsterrasse des Parco Savello auf dem Aventin, alleine. Unter uns schlängelte sich der Tiber wie ein silbernes Band, in der Ferne leuchtete die Kuppel vom Petersdom. „Schön hier, oder?", fragte Daniele leise. Ich nickte. Das hatte im Dunkeln natürlich wenig Sinn, aber mir war nicht nach Sprechen zumute. Es war einer dieser kitschigen kleinen Glücksmomente im Leben, in denen sich alles richtig anfühlt, selbst wenn

man noch Minuten vorher an sich und an der Welt gezwei-
felt hatte. Und so hockten wir aneinandergekuschelt auf dem
Mäuerchen, das noch Wärme gespeichert hatte von der Sonne
des Tages, schauten hinab auf die ewige Stadt, und ich spürte
irgendwie: Alles wird gut.

## Nachhilfe im Römisch-Sein
### Teil I: Umgang mit dem *portiere*

Sie wollen in Rom heimisch werden? Gut so! Gute Wahl! Dass die Apartmentsuche nicht einfach werden dürfte, ist Ihnen inzwischen klar. Doch sobald Sie eine Wohnung haben, steht Ihnen eine weitere Aufgabe bevor: Sie müssen sich mit dem *portiere* verbünden! Machen Sie sich Piero, Michele oder Salvatore zu Ihrem Freund! Schon zu einem mittelprächtigen Wohnhaus gehört in Rom ein Portiere, genau wie der überdimensionale Spiegel im Eingangsbereich und ein wackeliger, sehr, sehr kleiner Aufzug. Teils hat der Pförtner eine eigene Kabine mit Rausguckscheibe, oft sitzt er auch einfach nur an einem Tisch im Eingangsbereich. Er weiß, wer wann und mit wem im Haus aus- und eingeht. Er kann Ihre kaputte Heizung reparieren – oder auch nicht. Vor allem aber verteilt er die Post und ist der Einzige, der dabei helfen kann, dass Päckchen und andere interessant anmutende Sendungen auch tatsächlich bei Ihnen ankommen. Also: Seien Sie freundlich! Grüßen Sie! Erkundigen Sie sich nach der Familie! Hinterfragen Sie bei der Hausversammlung niemals den Lohn des Portiere, selbst wenn der die Nebenkostenrechnung in die Höhe treibt, denn Piero, Michele oder Salvatore hat seine Informanten. Und vergessen Sie nicht, dass er zur Weihnachtszeit zwar vielleicht Ihre deutsche Adventsbäckerei schätzt – ein großzügiges Trinkgeld aber noch viel mehr.

# Juli – Das große Fressen

*Zweite Lektion, in der ich merke, dass der Römer bei Tisch gern übers Essen, aber auch über die Verdauung desselbigen spricht; und dass in der Ewigen Stadt nicht nur die Liebe, sondern auch die Freundschaft durch den Magen geht.*

EIN PAAR TAGE SPÄTER fand ich morgens einen Zettel von Daniele auf dem Küchentisch. Er lag eingeweicht in einer Kakao-Pfütze, die der englische Mitbewohner Ryan hinterlassen haben musste – oder seine aktuelle Geliebte. Gesehen hatte ich sie noch nicht, aber sie hatte in dieser Nacht wieder mal ausgesprochen laut und hoch gequietscht, fast im Ultraschallbereich. „*Bellezza*, Isabella hat sich gerade endlich gemeldet", schrieb Daniele auf dem Zettel. „Sie weiß von einem Zimmer. Ruf an! *Baci & buona giornata!*" Isabella war also wieder in Rom. Ich war gespannt. Während meiner vergeblichen Wohnungssuche hatte mich Daniele immer wieder getröstet, dass bald eine gewisse Isabella, Freundin eines Fußballkumpels und sagenumwobene Freizeitmaklerin, von ihrer Amerikareise zurückkommen und meine Probleme mit einem Fingerschnipsen lösen würde. Isabella arbeitete eigentlich als Italienischlehrerin an einer Sprachschule. Doch tatsächlich verdiente sie viel mehr damit, ihren wohnungssuchenden ausländischen Schülern Zimmer zu vermitteln – unter der Hand, ohne Mietvertrag, genau, wie es so viele Vermieter wollten.

Isabella klang nett am Telefon und schickte mich schon am gleichen Nachmittag in die Via Palestro. Und da stand ich dann und starrte wieder einmal zweifelnd an der Fassade hoch. Es war eins dieser schönen, alten Häuser mit hohen Decken und grünen Fensterläden, in denen zur Jahrhundertwende noch gut situierte römische Familien gelebt hatten. Doch der Hauptbahnhof und Touristenmagnet Termini lag keine fünf Fußminuten entfernt; und deshalb hatten im Laufe der Zeit Budget-Pensionen den Großteil des Hauses aufgekauft. Unter dem Dach flimmerte das grellblaue Neonschild des Hostels „Stargate". Darunter hing die Reklame der „Pensione Trevi". Und in den unteren Stockwerken residierte das Zweisternehotel „Gabriella", das vergeblich versuchte, dank Samtvorhängen elegant zu wirken. Dazwischen gab es, auf die verschiedenen Stockwerke verteilt, tatsächlich noch einige normale Wohnungen.

„*Chi è?*" – „Wer ist das denn?", fragte eine Männerstimme, als ich klingelte. Selbst durch die geschlossene Wohnungstür hörte man: Die Stimme klang genervt. „Mich schickt Isabella. Ihr vermietet doch ein Zimmer, oder?", sagte ich, obwohl ich am liebsten gleich wieder kehrtgemacht hätte. Doch da öffnete sich die Tür schon schwungvoll, und ein pummeliger junger Mann mit Brille und Locken musterte mich. Er war plötzlich erstaunlich freundlich. „Ach – mal ausnahmsweise jemand, der nicht die Pension Trevi sucht! Hier stehen sonst dauernd verwirrte Touristen vor der Tür", sagte er. „*Avanti*, komm rein! Isabella hat dich angekündigt. Ich bin übrigens Martino." (Ich verstand erst einmal „Martini", wie der Aperitif, und wunderte mich über den komischen Namen. Das Missverständnis klärte sich erst nach einer Weile.)

Was soll ich sagen? Tags darauf bin ich in die Via Palestro gezogen. Bett und Schrank meines Zimmers ähnelten zwar verblüffend der Einbaumöbel-Serie, die meine Schulfreundin Cordula in den 80er Jahren gehabt hatte. Aber der Raum war groß und hell und hatte einen dieser marmorierten Steinböden, wie man sie in römischen Häusern öfter findet. Auch der Rest der Wohnung war gepflegter als alles, was ich in den letzten Wochen besichtigt hatte. Es gab eine große Küche, zwei neu gefliese Bäder, einen Flur, in dem man Rollschuh hätte laufen können – und weitere Zimmer, in denen insgesamt drei Mitbewohner lebten. Ich wertete das als Plus: Wenn ich tagsüber an meiner Abschlussarbeit schrieb, würde garantiert jemand in der Küche sitzen, der Lust auf eine Pause und einen Kaffee hätte.

Ganz hinten im Flur teilten sich Michela und Simona ein Zimmer: Das war die geldsparende *„posto letto“*-Variante, bei der jede sozusagen nur ein Bett mietete. Simona war Biologin, Michela arbeitete bei einer Hilfsorganisation, und ich stellte bald fest, dass beide für italienische Verhältnisse erstaunlich schlecht kochten. Vielleicht wollten sie sich's auch nur nicht mit ihren Müttern verderben, die unermüdlich enorme Kühltaschen mit gefrorener Lasagne, Pasta-Saucen und anderen Leckereien füllten, sobald die beiden am Wochenende in ihre Heimatstadt Latina zurückfuhren. Das Zimmer nebenan gehörte Martino, der mit Leidenschaft, aber unendlich langsam Literaturwissenschaft studierte. In seinem Zimmer standen aufgereiht die Werke von Pirandello, Moravia und Svevo – alle in einer teuren, dunkelblauen Sammler-Edition. Er war ein netter Kerl, aber eindeutig verschroben. „Wetten, dass er auch noch Gedichte schreibt?", ächzte meine Freundin Francesca, als sie mich bald nach dem Einzug besuchen kam. „Ich kenne diese Typen. Dein Martino gehört zu den empfindsamen Mimosen, die sich für besonders intellektuell und romantisch halten und einem das ständig aufs Brot schmieren. Unerträglich."

Wie gesagt: Francesca hatte eine spitze Zunge; aber was Martino betraf, behielt sie natürlich recht. Wir Deutschen glauben ja, der italienische Mann sei per Definition ein Macho, denn die fallen mit ihrer Spiegelsonnenbrille, dem Platz-da-

Getue und ihrem anzüglichen Lächeln während einer Italienreise natürlich besonders ins Auge. Dabei ist das butterweiche Gegenstück zum Macho mindestens genauso verbreitet: der Softaliener. Ich hatte diverse Exemplare dieser Spezies schon an der Florentiner Uni kennengelernt. Der junge Softaliener studiert mit Vorliebe Schöngeistiges, also *lettere*, trägt einen kleinen Ziegenbart und gesteht spätestens beim dritten Gespräch, dass er an einem tragischen Roman oder an einem bedeutsamen lyrischen Werk arbeitet, auch wenn bisher kein Verlag rechtes Interesse zeigen wollte, leider. Er wählt unbedingt links oder trägt, wenn er in Rom wohnt, zumindest regelmäßig eine Ausgabe von *il manifesto*[7] mit sich herum. Wann immer eine Party gerade lustig wird, dreht der Softaliener die Stereoanlage aus, zieht seine Gitarre aus einer braunen Plastikhülle und beginnt, melancholische Lieder zu singen. Die anderen Partygäste sollen dann bitte ihre Gespräche einstellen und andächtig zuhören. Tun sie das nicht, schmollt der Softaliener wie ein kleines Mädchen und fühlt sich verkannt.

Ich war also nicht gerade überrascht, als gleich am ersten Abend soft säuselnde Gitarrenklänge aus Martinos Zimmer drangen: alte Lieder von Fabrizio De André, wie sich etwa ein gewisser Miché in der Gefängniszelle erhängt und wie die arme Marinella im Fluss ertrinkt, als sie zu ihrem Liebsten schwimmen will. Ich kannte die Lieder nicht so recht und merkte kaum, wie falsch Martino sang – aber meine Stimmung wurde dadurch nicht besser. Koffer und Mastschwein-Tasche hatte ich geleert, aber ich fühlte mich einsam in dem neuen, halb leeren Zimmer. Das hat man davon, wenn man alles richtig machen und sich ein bisschen Unabhängigkeit bewahren will! Da hatte ich nun wochenlang so eifrig nach einer Wohnung gesucht, dass mir gar nicht mehr aufgefallen war, wie wohl ich mich in der Via Todi, auf der Gästematratze, vor allem aber mit Daniele in einer Wohnung gefühlt hatte. Jetzt fehlte er mir furchtbar, kaum drei Stunden, nachdem er mich mit dem Renault und all meinen Habseligkeiten in der Via Palestro abgesetzt hatte. Selbst seine Einladung zum Abendessen hatte ich ausgeschlagen, weil ich ja schließlich auch bestens einen Abend in meiner neuen Wohnung zubringen konnte, *nessun problema, grazie.* Ich seufzte und gab mir einen Ruck. Auf in die Küche! Mitbewohner besser kennenlernen! Italienisch üben! Und nicht zuletzt: essen! Mein Magen knurrte schon wie ein verärgerter Tiger.

Simona und Michela klapperten am Herd, als ich leise, leise zum Kühlschrank ging, wohl wissend, dass mein Fach so gut wie leer sein würde. Ich hätte wohl einen Supermarkt in meinem neuen Viertel suchen sollen. „Du musst hier nicht schleichen. Jetzt wohnst du hier schließlich, nicht wahr?", sagte Simona und grinste. „Hier, setz dich hin! Erzähl' was von dir. Iss mit. Heute gibt's Pasta mit ... äh ..." Sie musterte den weißen Aufkleber, mit dem ihre Mutter sorgsam die Tupperdose beschriftet hatte, deren Inhalt sie gerade auftaute. „Heute gibt's *Sugo di Coniglio*. Magst du Kaninchen?" „Na klar!", sagte ich mit ehrlicher Begeisterung, und Simona nickte zufrieden. Dass sie selbst kaum kochte, hieß ja nicht, dass sie nichts von gutem Essen verstand. Und Pappardelle mit dem würzigen Kaninchenragout, das ihre Mutter stets frisch zubereitete, waren eine Köstlichkeit. Michela zauberte noch eine Flasche Rotwein hervor, und just bevor es an der Zeit war, die Pasta ins kochende Wasser zu werfen, streckte Martino seinen Kopf in die Tür. „Mmmmmm, das duftet aber. Kann ich auch ...?" – „Unglaublich, wie du immer genau den richtigen Zeitpunkt erwischst", sagte Simona und kippte noch eine Portion Pasta extra ins Wasser.

Und so kam es, dass ich mich schon nach dem ersten Abend fast ein bisschen zu Hause fühlte. Simona schimpfte über ihren launischen neuen Laborchef und die letzten Macken ihres Motorino („Mitten auf der Piazza Venezia – einfach ausgegangen!"). Michela erzählte, dass sie auf eine Indienreise spare, theoretisch zumindest, weil am Monatsende einfach immer so wenig übrig bliebe: „Aber nächsten Sommer fliege ich dann, bestimmt!" Und Martino gestand mir, dass er (welch Überraschung!) an einem Band mit *novelle*, also mit Kurzgeschichten, schrieb; und nur weil Michela und Simona unübersehbar mit den Augen rollten, hörte er schließlich auf, über die Schwierigkeiten eines grandiosen ersten Satzes zu dozieren, der jeden Leser unweigerlich in seinen Bann ziehen würde. Zwei Mal klingelte es im Übrigen an der Wohnungstür, weil Spätankömmlinge aus Belgien beziehungsweise Japan (Korea? China?) bei uns ihr Hotelzimmer vermuteten. Daran würde ich mich noch gewöhnen müssen.

„Sagt mal, wem gehört diese Wohnung eigentlich?", fragte ich schließlich. „Ich habe nur mit Isabella gesprochen und dann natürlich euch hier getroffen. Aber irgendeinen Besitzer muss es doch geben?" – „Klar gibt es den!", erklärte Simona. „Ravanelli heißt er. Kommt immer nur zum Zahltag vorbei." – „Mit uns spricht er allerdings kaum, nur mit Isabella, die ihm neue Mieter beschafft – und natürlich mit der verehrtesten Simona", sagte Martino und bekam prompt einen Tritt als Quittung. „Ich wohne hier nun mal am längsten", erklärte Simona würdevoll. „Eigentlich ist Ravanelli ganz o. k. Die Wohnung hat früher mal einer Großtante gehört. Nach ihrem Tod haben hier außer mir eine Zeit lang fast nur ausländische Sprachschüler gewohnt, und bei dem Kommen und Gehen hat er schnell aufgehört, sich Namen zu merken. Hauptsache, ich überreiche ihm unser Geldbündel und nehme die Rechnungen für Strom, Gas und Telefon entgegen. Die laufen übrigens auf seine Tochter. Falls jemals jemand fragt: Selbstverständlich wohnt hier auch eine Giulia Ravanelli." Ich muss wohl das Gesicht verzogen haben, weil Michela schnell sagte: „Alles in Ordnung? Machst du dir Sorgen? Das läuft hier in Rom eben meistens so. Aber ich glaube nicht, dass wir deswegen in nächster Zeit Probleme bekommen." – „Ich doch auch nicht", behauptete ich, „und ich freu mich wirklich sehr, dass ich hier bei euch einziehen konnte!" – „Na, dann hol ich mal meine Gitarre! Für ein Willkommensständchen!", erklärte Martino. Wie sollte ich dazu Nein sagen?

Mittwoch, Donnerstag, Freitag – der Rest der Woche verflog. Ich erkundete die Via Palestro und füllte mein Kühlschrankfach aus dem nahe gelegenen PAM-Supermarkt. Ich trank Espresso mit wechselnden Mitbewohnern, bis ich vor lauter Koffein ganz zittrig war. Ich telefonierte mit Daniele, der gerade beruflich in Mailand unterwegs war. Und ich hievte sämtliche Uni-Bücher und Aktenordner in mein wackeliges Regal, sortierte sie erst von A nach Z, dann nach Themengebieten, dann in der Reihenfolge, wie ich sie wahrscheinlich zum Schreiben brauchen würde. Schließlich blieb mir nichts anderes mehr übrig: Ich öffnete endlich ein neues Word-Dokument und schrieb „Kapitel 1" und „xxxxxxxxx" darüber. Da sollte dann später die Überschrift hin. Und jetzt? Ich seufzte. Vielleicht hätte ich Martinos Ausführungen über grandiose erste Sätze doch lauschen sollen.

Falls sich jemand wundert, weshalb ich in Italien an meiner Abschlussarbeit sitzen konnte: Ich war bei einem Reformprojekt namens „Deutsch-Italienische Studien" eingeschrieben. Einen Teil meiner Scheine hatte ich an der Universität Bonn gemacht, den Rest in Florenz; und nachdem ich dort jetzt auch die *Tesi* betreuen ließ, würde ich letztendlich sowohl den deutschen als auch den italienischen Universitätsabschluss bekommen. Für die *Tesi* hatte ich mir ein spannendes Thema ausgesucht: Es ging um Kunstkauf und Kunstraub der Nazis in Italien. Hitler hatte, getrieben von Wahn-

sinn, Habgier und Geltungssucht, ein gigantisches „Führer-
museum" im österreichischen Linz geplant, das selbst den
Louvre in den Schatten stellen und die großartigsten Schätze
des Abendlands vereinigen sollte. Natürlich lockte in Italien
reiche Beute, doch anders als in besetzten Ländern konnten
die Nazis beim verbündeten Mussolini zunächst nicht einfach
plündern. Ich hatte in groben Zügen die ganze Arbeit im
Kopf – jetzt musste ich nur noch anfangen zu schreiben. Nur
noch? Gott, ich war eine Versagerin!

Am Samstagabend hatte ich bereits gründlich die Nase
voll von meiner *Tesi*. 120 bis 150 Seiten sollten es schon werden, hatte mein Florentiner Professor gesagt, das sei an italienischen Universitäten so üblich. Ich hatte bisher nicht mal
zwei Seiten zu Papier gebracht – und die ersten sechs Wochen
in Rom waren schon vorbei. „*Bellezza*, mach nicht so ein de-
primiertes Gesicht", sagte Daniele. „Du schaffst das, und das
weißt du auch! Das erste Kapitel ist immer am schwierig-
sten!" Er küsste mich auf die Nasenspitze und öffnete mir
dann mit einem kräftigen Ruck die widerspenstige Renault-
türe. „Komm, jetzt denk' nicht mehr dran. Du musst heute
endlich mal den Rest von meinen Freunden kennenlernen.
Wir sind um acht vor Antonios Metzgerei verabredet." Um
acht? Das war in genau drei Minuten. „Sind wir dann nicht
ein bisschen spät dran?", fragte ich. Daniele zuckte mit den
Achseln.

Ich warte ungern. Aber noch grässlicher finde ich es, wenn
ich selbst jemanden warten lasse. Es ist so respektlos, die Zeit
von anderen zu verplempern, weil man sich nicht rechtzeitig
aufgerafft hat. Auf der Tuscolana stauten sich die Autos, vier-
spurig. Samstagabendverkehr. Motorini drängelten sich an uns
vorbei. Es war heiß, natürlich, Juli in Rom, da kühlt es auch
abends nicht ab. Aus den offenen Fenstern des Fiat neben uns
wummerte Vasco Rossi. Inzwischen war's Viertel nach acht.

„Sollen wir nicht anrufen, dass wir hier feststecken?", fragte ich. „Die anderen kommen auch nicht schneller voran", antwortete Daniele gelassen.

Es sollte eine ganze Weile dauern, bis ich mich an den Beginn unseres typisch römischen Samstagabends gewöhnt hatte. Der lief stets ab wie folgt: Im Auto zu einem Treffpunkt fahren, meist zur Metzgerei von Antonio. Hupen, in zweiter Reihe parken, aussteigen, Händeschütteln. Warten. Gegen halb neun hungrig werden. Weiter warten. Erstaunt feststellen, dass sich außer mir niemand an den Verspätungen stört. Irgendwann die letzten Ankömmlinge begrüßen, wieder in die Autos steigen und zusammen das eigentliche Ziel des Abends ansteuern: eine Pizzeria oder Trattoria, wo man sich um einen Riesentisch versammeln, genüsslich den Bauch vollschlagen sowie wort- und gestenreich die Neuigkeiten der Woche zum Besten geben kann.

An jenem Juliabend landeten wir schließlich beim „Bersagliere", einer urrömischen Pizzeria. Urrömisch heißt in diesem Fall: einfach bis derb. Grobe Holztische, Papiertischdecken, hinten in der Ecke ein enormer Fernsehbildschirm, auf dem Fußballer kickten, und hektische Kellner, die zwischen den lärmenden Tischen hin und her hasteten. Ein paar in unserer Gruppe kannte ich schon: Paolo zum Beispiel, Danieles besten Freund seit Kindertagen, der ein Faible für Rockmusik, Motorräder und für halsbrecherisches Mountainbiking hatte. Hört sich nach einem wilden Typen an? Das war Paolo aber nicht. Er war zierlich, verschmitzt und alberte gerade wie immer mit Daniele herum, als ob sie noch beide 15 wären. Neben Paolo saß seine Freundin Terry, ebenfalls Outdoor-Liebhaberin und Besitzerin einer kalbsgroßen, karamellfarbenen Hundedame namens Zara, die wahrscheinlich zu Hause traurig winselte, weil sie den Samstagabend alleine verbringen musste. Ich schaute weiter in die Runde. Die beiden da – Cesare und Valeria? Beim Vorstellen vorhin auf der Straße war es so schnell gegangen. Das mussten wohl Studienfreunde von Daniele sein. Beide waren für römische Verhältnisse ungewöhnlich groß gewachsen; Valeria hatte wunderschöne, lange Haare, die ihr bis zur Hüfte reichten, und erzählte gerade von ihrer Informatik-Doktorarbeit, an der sie offensichtlich seit einer Weile saß. Stefano und Deborah daneben kannte ich schon – ein nettes Pärchen, seit Schulzeiten liiert, stets freundlich und quietschvergnügt. Neben ihnen saßen ein Maurizio und eine Sonia, die offenbar im Oktober heirateten und deshalb vorhin beige Büttenumschläge mit den Einladungen verteilt hatten. Und dann war da noch Antonio mit seinen großen, melancholischen Augen. Ich kannte ihn bisher nur aus Danieles Erzählungen: Antonio studierte Archäologie, las lateinische und griechische Autoren im Original, arbeitete tatsächlich aber den Großteil der Woche in der elterlichen Metzgerei; und die sollte er auch übernehmen, sobald er mit seinem fruchtlosen Studium fertig war. Er machte sich wohl nicht viel Hoffnung, einen der wenigen Posten an der archäologischen Fakultät oder in einem Museum zu ergattern.

Der Kellner knallte einen Stapel laminierter Speisekarten auf den Tisch und stützte sich erschöpft auf. Im Laufe des Abends war er zwischen Gästen und dem immensen Steinbackofen wohl schon einen Halbmarathon im Zickzack gelaufen. „*Vi faccio un antipastino,* ich mache euch eine kleine Vorspeise", erklärte er, mehr Feststellung als Frage. „*Siiiiii!*", jubelte der Tisch. Keine fünf Minuten später standen duftende Platten vor uns. Kleine Vorspeise? Solche Berge gelten hier als klein? „Wie sollen wir danach denn noch Pizza essen?", fragte ich entsetzt. „Genau das ist die Herausforderung!", antwortete Paolo – und langte beherzt zu.

Der Kellner hatte *Fritto misto* gebracht, was man mit

„Gemischter Frittierteller" übersetzen kann. Das hört sich zwar nach barbarischem, fetten Fastfood an, doch tatsächlich ist es eine typisch italienische Angelegenheit – und köstlich. Auf unseren Tellern türmten sich frittierte Zucchiniblüten, die mit Mozzarella und würzigen Sardellenfilets gefüllt waren. Stockfischstückchen, *Baccalà*, schimmerten goldgelb in ihrer knusprigen Teighülle. Es gab *Olive Ascolane*, mit einer Fleischmischung gestopfte, panierte und schließlich ausgebackene Oliven. „Und *Supplì alla Romana* musst du auch probieren", bestimmte Terry und reichte mir eine tischtennisballgroße Reiskugel, die mit Mozzarella und Fleischsauce gefüllt und dann in Olivenöl ausgebacken war. Und dann kamen schon die Pizzen. Hauchdünn, aber fast wagenradgroß, mit appetitlicher Kruste und blubbernder Sauce.

Der Abend war Anschauungsunterricht in einer weiteren wichtigen Rom-Lektion: Nichts macht der Römer lieber, als viel und gut zu essen. Vielleicht ist das genetisch verankert, überlegte ich mir, während ich hingebungsvoll an meiner *Ortolana*-Pizza säbelte. Schließlich wussten schon die alten Römer zu tafeln und stopften sich mit Zicklein, Muscheln und aufwändig zubereiteten Muränen voll. Vielleicht schmeckte hier aber auch einfach alles besser. Weil die Köche tüchtiger waren? Die Esser anspruchsvoller? Oder wegen der reiferen Tomaten, des zarteren Fleischs und der frischeren Zutaten?

Zweite Lektion: Römer essen nicht nur gern und viel, sondern sie sprechen dabei auch am liebsten übers Essen. Über das unglaubliche Olivenöl des Schwagers („Es ist so würzig, dass man's echt löffeln könnte", behauptete Cesare). Über die sagenhafte Kombination von Birnen und Käse („Mit einem Pecorino aus Pienza – ein Gedicht!", erklärte Paolo). Und kurioserweise sprechen Römer beim Essen auch gerne über *la digestione*, die Verdauung. Das ist kein Witz! „Am Montag habe ich *Parmigiana*[8] in der Kantine gegessen, und die lag mir drei volle Tage im Magen", seufzte etwa gerade Stefano mit der Miene eines Märtyrers. „Du Ärmster! Waren Zwiebeln drin? Zwiebeln verdaue ich einfach nicht, da kann ich die ganze Nacht nicht schlafen!", erklärte Sonia.

Daniele kniff mich unter dem Tisch und grinste. Er wusste, wie sehr mich die ständig wiederkehrenden Gespräche der Römer über *cibi pesanti*, über schwer verdauliches Essen, amüsierten. Allerdings wusste er auch, wie er sich rächen konnte. „Stellt euch vor, was mich meine Freundin das letzte Mal in Deutschland hat essen lassen", rief er in die Runde. „Einen rosa-grauen Brei aus Kartoffeln, Roter Bete, Fleisch und Fisch. Und obendrauf lagen noch ein Spiegelei und Heringe!" – „Labskaus war das! Du hast es selbst bestellt und noch einen halben Teller von mir gegessen", protestierte ich, doch das ging im erheiterten Trubel unter. „Fleisch und Fisch gemischt?", rief Valeria mit Schaudern. „Rosa-grauer Brei?", entsetzte sich Terry. „Das ist doch gar nichts!", erklärte Stefano. „In Rotterdam habe ich einmal eine Pizza mit Ananas und Goudakäse bekommen!" Und für die nächste Viertelstunde unterhielten sich alle prächtig über die Absonderlichkeiten, die ihnen bei Restaurantbesuchen im Ausland widerfahren sind – ein weiteres beliebtes Gesprächsthema beim Essen. Daniele, der bei Deutschlandbesuchen stets in einheimische Lokale gehen wollte (was sollten wir auch beim Italiener?), setzte zu seiner Lieblingsgeschichte an: „... und dann waren wir in Frankfurt in einer Apfelweinkneipe, und da hing tatsächlich ein ausgestopfter Dackelkopf an der Wand!"

Irgendwann waren wir beim Nachtisch angekommen. Die meisten der Frauen hatten abgewunken, aber die Männer hatten *Affogato al Caffè* bestellt, also Eis, das in gesüßtem Espresso schwamm. Dazu kreiste eine kalte Flasche Limoncello, die der Kellner zusammen mit der Rechnung auf den Tisch geknallt hatte. „Alles geteilt durch elf ... das macht ... Moment ...

ungefähr 17 Euro pro Person oder 35 pro Pärchen", verkündete Cesare, der offenbar geübt war in solchen Kopfrechnungskunststücken; und wir stapelten Münzen in der Tischmitte und schoben Scheine hin und her, bis schließlich einer die Gesamtsumme zur Kasse tragen konnte. Niemals kämen Römer auf die Idee, genau nachzufragen, wer denn nun was gegessen und getrunken hat. Und niemals würde sich ein Kellner die Mühe machen, mit jedem Gast einer großen Gruppe einzeln abzurechnen, wie es in Deutschland durchaus üblich ist. Daniele war einmal fassungslos, als wir mit meinen Freunden beim Griechen waren und hinterher jeder schön säuberlich den genauen Betrag für seine Metaxa-Platte, zwei Bier und eine Cola bezahlte. „Manche finden das fairer so. Wenn einer zum Beispiel nur einen Bauernsalat isst", sagte ich damals erklärend. „Wer will denn nur einen Salat essen, wenn er sich mit Freunden trifft?", hatte Daniele fassungslos geantwortet.

Bei den Samstagsgelagen in den darauffolgenden Wochen wurde die Gruppe allerdings immer kleiner: Cesare und Valeria fuhren nach Sizilien. Stefano und Deborah waren im Ferienhaus von Verwandten am Lago di Bolsena. Paolo und Terry planten eine Trekkingtour quer durch Korsika, immer den anspruchsvollen GR 20-Pfad entlang. Und Antonio verkündete, dass die Metzgerei den ganzen August geschlossen sein würde. Nur Daniele und ich hatten beschlossen, in diesem Jahr nicht in Urlaub zu fahren: Er hatte ein großes Projekt bei der Arbeit, das mehr Zeit verschlang als erwartet. Und ich wollte meine *Tesi* vorantreiben – und hatte das Gefühl, gerade eben erst in Rom angekommen zu sein. „Bald haben wir die ganze Stadt für uns", sagte Daniele auf dem Nachhauseweg. „Ist das gut oder schlecht?", fragte ich. Er überlegte ein bisschen. „Beides", antwortete er schließlich. „Rom im August ist kaum wiederzuerkennen. Aber du wirst schon sehen."

## Nachhilfe im Römisch-Sein
## Teil 2: Die ursprüngliche Küche

*Spaghetti alla carbonara?* Die schmecken gut und sind durchaus römisch. Aber Sie müssen mutiger sein, wenn Sie die wirklich typische Küche der Hauptstadt probieren wollen – viel, viel mutiger!

Keulen und zartes Muskelfleisch gingen in der Ewigen Stadt früher an die Adligen und an den oft ausschweifenden Hofstaat des Papstes. Die römischen Hausfrauen konnten schauen, wie sie mit den Resten des Schlachtviehs zurechtkamen, mit dem sogenannten „fünften Viertel" – und so schufen sie würzige Mahlzeiten, die definitiv nichts für empfindliche Mägen sind. Hirn, Zunge, Bries oder Milz, alles kam in den Kochtopf. Essen Sie einmal *Trippe alla Romana*, Kutteln in Fleischsauce, mit wenig Minze geschmort! Braten Sie Leber, Lungen und Herz eines Lämmchens und probieren so *Coratella*! Und wenn Sie wirklich bei den Römern punkten wollen, bestellen Sie am besten *Pajata*: Zu Rigatoni-Nudeln bekommen Sie dann gekochte Darmstückchen vom Lamm, aus denen noch die halb verdaute, cremige Muttermilch quillt.[9]

Nun sind Sie aber vielleicht Vegetarier – oder wollen jetzt schnell einer werden. Es gibt auch einige fleischlose Gerichte, die Sie so nur in Rom finden. Knusprig frittierte *Carciofi alla giudia* zum Beispiel, „Artischocken nach jüdischer Art". Oder probieren Sie *Cicoria*, ein löwenzahnartiges Kraut, das rund um die Ewige Stadt am Wegesrand wächst (und inzwischen auch gezielt auf manchem Acker, damit es nicht zu viele Abgase abbekommt). Cicoria einfach mit Öl, Knoblauch und Peperoni in der Pfanne schwenken: Ein bitterer, aber sehr römischer Genuss!

# August – 40 Grad im Schatten

*Dritte Lektion, in der ich feststelle, dass der Kampf gegen Hitze und Stechmücken nicht gewonnen werden kann – und dass Rom trotz allem im Sommer wunderschön ist.*

DIE MASSENFLUCHT BEGANN SCHLEICHEND. In der Via Palestro taten sich plötzlich Parklücken auf, vereinzelt zuerst, ohne dass sich sofort ein aufgeregt blinkender Cinquecento und ein hupender Smart um das frei werdende Fleckchen stritten. Schließlich standen nur noch wenige Autos in der Straße, verlassen, wie verirrte Schafe. Dann blieb auch der Bäcker an der Ecke zur Via Varese geschlossen, und der *Tabaccaio*[10] zog morgens sein metallenes Rollgitter nicht mehr nach oben. Selbst in der „Pensione Trevi" und im „Stargate" schien nichts mehr los zu sein, jedenfalls klingelten bei uns kaum noch verirrte Touristen. Offenbar vermieden es nicht nur die Einheimischen, den August in Rom zu verbringen.

Ich wankte tagsüber in Unterhose und Trägershirt durch die ausgestorbene Wohnung. Von meinen Mitbewohnern war nur Simona noch nicht abgereist, die unbedingt ein aufwändiges Experiment mit Zellkulturen zu Ende führen musste. Sie blieb bis spät abends im Labor – auch, weil dort die Klimaanlage unablässig summte. Zu Hause war es heiß. Schwülheiß. Frische-Klamotten-kleben-sofort-wieder-am-Körper-heiß. Dabei tat ich mein Bestes, um mich mit der Augusthitze zu arrangieren: Ich hielt die Fensterläden geschlossen, verbannte die Sonne aus meiner Dämmerhöhle. Ich ließ einen uralten Ventilator brummen, der sämtliche Kopien für die *Tesi* durcheinanderpustete. Ich stellte eine Wanne mit Eiswasser unter meinen Schreibtisch, in die ich meine Füße steckte – bis mir plötzlich einfiel, dass ich einen Stromschlag bekommen könnte, wenn ich gleichzeitig am Computer arbeitete. Oder war das physikalisch gesehen unmöglich? Mein Gehirn fühlte sich an, als habe es stundenlang auf der Fensterbank gebraten.

Die Nächte waren auch nicht besser. Je mehr Menschen Rom verließen, desto mehr Stechmücken schienen die Stadt zu bevölkern. Vielleicht kämpften die blutsaugenden Biester auch einfach nur um die wenigen verbliebenen Opfer. Bald zierten jedenfalls rote Schlieren meine Zimmerwand, Zeichen der hoffnungslosen Abwehrschlacht, die ich Abend für Abend kämpfte. Die sirrenden Invasoren rächten sich, indem sie gezielt an Stellen stachen, wo tags darauf Sandalenriemen scheuerten. Schließlich schenkte mir Daniele ein Moskitonetz.

Doch die Mücken waren nicht das einzige Problem: Es kühlte auch nachts einfach nicht mehr ab. Ich wachte regelmäßig auf, durchgeschwitzt, verstört und durstig – und fest davon überzeugt, dass nur eine kalte Dusche mich erfrischen und weiterschlafen lassen könnte, jetzt, sofort, auch wenn ich um halb vier ins Bad tappen musste. Blieb ich über Nacht bei Daniele, hielt ich möglichst großen Abstand zu ihm, denn Arm in Arm zu schlafen wäre zweifellos noch wärmer gewesen und damit unerträglich. Daniele schlummerte braun gebrannt und friedlich lächelnd, sein verknotetes Laken zur Seite gestrampelt. Ihm machte die Hitze nichts aus.

Und doch empfand ich es nicht als Fehler, im August in Rom geblieben zu sein. Denn es gab diese magischen Abendstunden, wenn die Sonne gerade untergegangen war und die Hitze ein wenig nachgelassen hatte: Genug, um nicht mehr mit den Schuhen im aufgeweichten Asphalt stecken zu bleiben – aber so wenig, dass ich immer noch im dünnsten Spaghettiträger-Sommerkleidchen auf die Straße konnte.

Daniele lehnte in der Dämmerung am Hausportal und wartete auf mich. Ich gab ihm einen Kuss und wedelte mit einem kompakten DIN-A5-Heftchen vor seiner Nase. „Und, hast du deine Hausaufgaben gemacht? Wohin gehen wir? Heute bist du dran mit Aussuchen!" Das Heftchen hieß *„Roma c'è"*, eine Art Veranstaltungskalender. Es war selten so dick wie im Sommer, und wir versahen es abwechselnd mit dicken Ausrufezeichen und Kringeln um die Termine, die uns am meisten interessierten. Abends wurde die ausgestorbene Stadt nämlich wieder erstaunlich lebendig – dank einer Kulturinitiative namens *Estate Romana*[11]. In den Parks der Ewigen Stadt spielten jeden Abend Jazz- und Rockbands. Es gab Klassikkonzerte zwischen antiken Ruinen. Im ehemaligen Zentralmarkt beim Bahnhof Ostiense hatte die *„Festa dell'Unità"* ihr Lager aufgeschlagen, ein linksgerichtetes Festival mit Theater- und Diskussionsbühnen, Verkaufsständen und Multikulti-Restaurants, in denen mutige Römer äthiopisches oder türkisches Essen probierten. Aber am liebsten gingen Daniele und ich in die diversen Open-Air-Kinos – auf der palmengesäumten Piazza Vittorio Emanuele zum Beispiel, oder auf der Tiberinsel, direkt unten am Fluss. Da Rom so weit im Süden liegt, war es im Sommer schon um acht Uhr so dunkel wie in einem professionellen Kinosaal. Es gab Früh- und Spätaufführungen, meist lief eine Mischung aus kleinen Independent-Filmen und den großen Kassenschlagern des vergangenen Kinojahrs. Und manchmal wurden auch die alten italienischen Kultfilme wieder herausgekramt. „Heute läuft *I soliti ignoti*", sagte Daniele, „eine römische Komödie aus den Fünfzigern. Die habe ich schon seit Ewigkeiten nicht mehr gesehen. Hast du darauf Lust?" „Keine Frage", antwortete ich.

Man sollte vielleicht wissen: Ich habe lange in Bonn gewohnt. Und auch dort gab es im Sommer meist einige Tage Open-Air-Kino im Innenhof der Universität. Es war jedes Jahr ein Zitterspiel: Würde es regnen? Gewittern? Viel zu kalt sein? Und dann saß ich da mit meiner Windjacke und wartete, bis es endlich gegen zehn so dunkel wurde, dass ich auf der Leinwand etwas erkennen konnte. Natürlich war es trotzdem eine nette Initiative – aber es ist kaum verwunderlich, dass ich vom Open-Air-Kino in Rom nicht genug bekommen konnte.

An diesem Sommerabend gingen wir auf die Piazza del Popolo, wo eine Woche lang italienische Kino-Klassiker gezeigt wurden. Auch wenn sie in jedem Reiseführer stand, mochte ich die Piazza del Popolo eigentlich nicht besonders: zu laut und zu chaotisch. Doch jetzt im August war alles anders. Der wenige verbliebene Verkehr war umgeleitet worden, und eine gigantische Leinwand spannte sich neben dem Obelisken. Klappstühle warteten in Reih und Glied, doch wer wollte, konnte sich auch mit Picknickdecken auf den Boden setzen, der immer noch warm war von der Hitze des Tages. Hinter den Zuschauern ragten die Kuppeln der Zwillingskirchen S. Maria dei Miracoli und S. Maria in Montesanto in den Nachthimmel.

Wir hatten Rotwein mitgebracht, und statt Popkorn hatten wir bei einem Händler Oliven und eingelegte Lupinenkerne erstanden. Schon die alten Römer haben diese gelblichen, platten Hülsenfrüchte geknabbert. Mit den Schneidezähnen ritzt man die zähe Außenhaut auf und lässt dann den weichen Kern direkt in seinen Mund hüpfen. „Das gilt nicht, ich bin viel langsamer als du", jammerte ich, als ich sah, wie schnell Daniele die *lupini* verschwinden ließ. „Pssst, jetzt geht's eh los!", antwortete er grinsend, schob mir dann aber, ganz Gentleman, die Tüte zu. Zum Üben.

*I soliti ignoti*[12] war 1958 erstmals in italienischen Kinos gelaufen. Ein Schwarz-Weiß-Film also, die Tonspuren knackten. Ein Exboxer namens Peppe und seine hoffnungslos tollpatschigen Kumpane planten ihren ersten großen Coup als

Tresorknacker. Es waren arme Teufel aus Roms Proleten-Peri-
pherie, und sie sprachen so breites Romanesco, dass ich kaum
etwas verstand. „Wer ist das denn jetzt wieder?", „Was hat der
Typ gesagt?" Immer wieder musste ich Daniele anstupsen,
um halbwegs mitzukriegen, was gerade passierte. Der rieb sich
Lachtränen aus den Augen und erklärte dann flüsternd, so
gut es ging.

„*Bellezza*, Du Arme! Du hast nur die Hälfte verstanden,
nicht wahr?", fragte Daniele, als wir nach dem Abspann den
Corso entlang spazierten. „Vielleicht ein Drittel. Aber es war
trotzdem schön", sagte ich, und es stimmte. Bisher hatten wir
im Open-Air-Kino immer aktuelle Filme gesehen, in dialekt-
freiem Italienisch, dem ich mehr oder weniger folgen konnte. Aber der Schwarzweiß-Streifen heute Abend hatte so gut
zur Atmosphäre in der römischen Altstadt gepasst. Daniele
schwärmte immer noch: „Die junge Claudia Cardinale war
doch wundervoll, oder? Und Gassman erst! Und Totò!" „Welcher war das denn?", fragte ich vorsichtig. Daniele blieb stehen, geschockt. „Du hast Totò nicht erkannt? Da tun sich ja
ungeahnte Bildungslücken auf!" Und er begann sofort zu
planen, welche alten Filme er mir unbedingt zeigen musste,
damit ich wenigstens den Hauch einer Ahnung davon ent-
wickeln konnte, welch Juwelen das italienische Kino hervor-
gebracht hatte.

So verging die erste Augusthälfte. Tagsüber kämpfte ich
mit der Hitze, nachts mit den Mücken, doch zwischen Sonnenuntergang und Bettzeit erlebte ich mein persönliches
Sommermärchen. Wir spazierten durch die Altstadtgassen,
die in orangerotes Laternenlicht getaucht waren. Wir bewun-
derten Tangotänzer, die elegant über eine Piazza im San-
Lorenzo-Viertel glitten. Wir picknickten mit Blick auf das ma-
jestätisch erleuchtete Kolosseum. Und natürlich zückten wir
Abend für Abend *Roma c'è*, um zu schauen, ob es irgendwo

Konzerte, Filme oder Freilichtausstellungen gab, auf die wir gerade Lust hatten.

Wenn ich nach Hause kam, saß manchmal noch Simona in der Küche. „Was machen die Zellkulturen?", witzelte ich. Simona zog eine Grimasse. „Ich kann sie nicht mehr sehen. Und ich kann die Stadt nicht mehr sehen." Sie seufzte. „Sag, sollen wir morgen früh für ein paar Stunden ans Meer fahren? Bis dahin tut sich eh nichts bei meinen Experimenten. Nach dem Mittagessen sind wir wieder zurück." – „Großartig! Ich war hier noch nie am Meer", strahlte ich. „Ich muss dich aber warnen", bremste Simona meine Euphorie. „Das Wasser ist wirklich ziemlich dreckig, die Strände sind auch nicht toll, und jetzt im August ist es auch unter der Woche unerträglich voll."

Was soll ich sagen? Das Verhältnis der Römer zu ihrem Meer ist merkwürdig. Ostia liegt direkt außerhalb der Stadt und war in der Antike der Hafen der Weltmacht. Fast sieben Millionen Tonnen Korn und Hirse wurden dort damals auf kleine Treidelschiffe verladen und dann von Ochsen den Tiber hochgezogen, bis zum Hafen im Testaccio-Viertel. Seitdem ist die Flussmündung derartig versandet, dass die Ruinen von „Ostia Antica" heute ganze sechs Kilometer vom Meer entfernt liegen. Dort neu entstanden ist „Ostia Lido", eine eigenwillige Mischung aus Betonburgen-Schlafstadt und Badeort. Ich habe noch nie einen Römer getroffen, der wirklich positiv über Ostias Strand gesprochen hat: *Una schifezza*", ziemlich eklig, so sagen alle – und stehen am nächsten Samstag dann doch wieder fluchend und hupend an der Promenadenstraße im Dauerstau. An jedem heißen Wochenende überfluten eine halbe Million Besucher das kleine Ostia und seine Badeanstalten, die *stabilimenti balneari*. Diese haben im Stadtbereich den ganzen Strand unter sich aufgeteilt, und wer bleiben will, muss einen Sonnenschirm und eine grellbunte Liege mieten (auf Italienisch heißt die *lettino*, also „Bettchen"). Zwar fluchen die Römer über die happigen Preise; aber sich einfach mit einem Handtuch in den Sand zu fläzen wie ein Holländer, das fänden die meisten dann doch zu unbequem. Zudem haben sie sich schon in ihrer Kindheit daran gewöhnt, Sommer für Sommer zur gleichen Badeanstalt, möglichst sogar zur gleichen Liegereihe, zurückzukehren. Bei so etwas ist der Römer erstaunlich treu, wie er ja auch niemals seinen Metzger oder die Espressobar wechseln oder gar bei einem fremden Gemüsehändler einkaufen würde, bloß weil der gerade Steinpilze im Angebot hat. Beim Meerbesuch schwört also der eine Römer auf die Badeanstalt „Delfino", der andere will nur und ausschließlich bei „La conchiglia" liegen, und angeblich zerbrechen an Sommerwochenenden regelmäßig junge Beziehungen, weil keiner der beiden *fidanzati* nachgeben und bei der falschen Badeanstalt in der Sonne braten will.

„Und, wie war's am Meer?", fragte Daniele abends, als ich müde und mit rot gebrannten Wangen bei ihm in der Küche saß. „Ich fand's schön!", sagte ich. „Wirklich? In Ostia?", fragte er halb zweifelnd. Diese italienischen Snobs. „Doch, doch, mir hat es gefallen", bestätigte ich nochmals. „Das Meer ist anderswo sicher toller. Aber der Unterhaltungswert war unschlagbar." An meiner Begleitung hatte das freilich nicht gelegen: Simona hatte sich kurz nach unserer Ankunft am Strand auf ihr blau-grün gestreiftes *lettino* gelegt und war in eine Art Sonnenstarre verfallen. Krebsgefahr oder nicht, sie hatte schließlich nur wenige Stunden, um die Laborblässe durch einen angemessenen August-Teint zu ersetzen. Mir war es egal, denn so konnte ich ungestört den Trubel um mich herum beobachten. Der Strand glich einem dieser Wimmelbilder, die früher in Rätselzeitschriften abgebildet waren. Damals hieß es: „Such die 15 Fehler"; am Strand von Ostia hingegen hätte es wohl eher „Such sämtliche Italienklischees" heißen müssen. Schräg hinter mir war ein Beachvolleyball-Feld, auf dem Goldketten-Gigolos um die Wette baggerten – beziehungsweise um die Gunst der Bikinischönheiten am Spielfeldrand. Aus den Boxen dröhnten San-Remo-Hits. Alle drei Minuten kamen fliegende Händler mit gefälschten Markentaschen vorbei. Und vor uns hatte sich eine Großfamilie über einem halben Dutzend Liegestühlen ausgebreitet: Der Vater las den blassrosa *Corriere dello Sport*, eine pubertierende Tochter telefonierte ununterbrochen am Handy. Und die Oma, *la nonna*, schimpfte energisch mit einem etwa zehnjährigen Dickerchen, das sich unbedingt mit Taucherbrille ins trübe Wasser stürzen wollte, aber offensichtlich noch keine zwei Stunden zuvor gefrühstückt hatte. „Matteo, das ist gefährlich, hörst du? Du hast dein Cornetto noch nicht verdaut! Willst du im Wasser einen Schlag kriegen und die Oma zum Weinen bringen, willst du das?"

Als ich mit meiner Stranderzählung an diesem Punkt angekommen war, verzog Daniele das Gesicht. Ja, er schien beinahe beleidigt zu sein, dass ich die neueste Verdauungsposse so lustig fand. „Ach komm schon, man kann's auch übertreiben!", verteidigte ich mich. „Ich seh's ja ein, dass man nach einem mehrgängigen Mittagessen erst mal nicht ins Wasser sollte. Aber nach einem harmlosen Frühstückshörnchen? Und im badewannenwarmen Meer von Ostia?" – „Ich durfte immer drei Stunden nach dem Essen nicht schwimmen, und das halte ich auch für richtig", erklärte Daniele würdevoll. „Frag Paolo und Stefano – das war hier schon immer die eiserne Regel. Ihr mit eurer kalten Nordsee müsstet eigentlich noch viel strenger sein." Dann grinste er jedoch und sagte: „Ich muss dir wirklich mal die alten Ostia-Fotos raussuchen. Ich hab immer stundenlang im Meer gespielt, bis meine Lippen ganz blau waren und meine Mutter mich mit Drohungen aus dem Wasser scheuchen musste. Dafür gab es am Strand dann

Brot mit extra viel Nutella." Und danach aufs Neue drei Stunden Badeverbot, dachte ich amüsiert, ohne es laut auszusprechen. Stattdessen fragte ich: „Wart ihr denn früher oft in Ostia? Du willst doch heute nie mehr hin." – „Vielleicht genau deswegen", sagte Daniele schulterzuckend. „Zu gute Kindheitserinnerungen. Eine Tante hatte ein paar Jahre lang dort eine Ferienwohnung, und wir waren jeden Sommer da."

Eine Ferienwohnung also. Das war eigentlich keine Überraschung. Ich war immer wieder erstaunt, mit welcher Selbstverständlichkeit viele italienische Familien noch ein zweites Apartment oder ein kleines Häuschen außerhalb der Stadt besaßen. In meinem deutschen Bekanntenkreis war so etwas stets die absolute Ausnahme gewesen. Nun hatte ich ja allerdings bereits während der Zimmersuche festgestellt, dass der Römer, wann immer möglich, jeden gesparten Euro in Immobilien anlegt. Und wenn er dann irgendwann in der Stadt eine Wohnung besitzt und ein gewisses Sümmchen für die künftigen Wohnungen der Kinder zur Seite gelegt hat, dann beginnt er, von einem Feriendomizil zu träumen. Verstehen wir uns nicht falsch: Der Römer will kein Apartment auf Teneriffa oder in Österreich oder gar auf den Bahamas. Die Zweitwohnung wünscht er sich in bequemer Autodistanz, gerne natürlich an der Küste, aber auch gerne *in campagna*, auf dem Land rund um die Ewige Stadt. Es gibt sogar viele Familien, die ihr Häuschen dort gar nicht erst kaufen müssen. Wie gesagt: Die wenigsten Hauptstädter sind *romani di Roma*, seit Generationen verwurzelte „Römer aus Rom". Oft sind die Eltern nach dem Krieg aus irgendeinem Kaff hergezogen, aus den Colli Albani, aus Palestrina oder aus den verarmten Gebirgszügen der Abruzzen. Die Steinhäuser in den ausblutenden Dörfern waren damals unverkäuflich, und so bröckelten sie in Familienbesitz vor sich hin – bis irgendwann ihr Ferienpotenzial entdeckt wurde. Jetzt zieht im Sommer oft die ganze Familie aufs Dorf, von Mitte Juni bis Anfang September, wenn die Schulen geschlossen sind und die innerstädtische Hitze den Atem abschnürt. Die Kinder kramen mit Begeisterung die Spielsachen vom letzten Sommer aus staubigen Schachteln, die Großeltern kochen, und die Eltern brausen im klimatisierten Auto morgens bis nach Rom zur Arbeit und abends wieder zurück, was im Sommer halbwegs machbar ist, weil der Berufsverkehr deutlich nachgelassen hat.

Daniele war zwar mit mir in der Hauptstadt geblieben, aber seine Familie war wie jeden Sommer vor der Hitze aufs Land geflohen, nach Monte Compatri, ins Heimatdorf seiner Mutter. „Wir sollten sie besuchen", sagte Daniele. „Am Donnerstag ist schließlich Ferragosto, da kannst du unmöglich am Computer sitzen. Hast du Lust auf eine Landpartie?" „Na klar!", sagte ich. Ich kannte das Umland von Rom fast nicht, und ehrlich gesagt wollte ich Ferragosto auch ungern alleine verbringen. Mit diesem Feiertag hatte ich schon so meine Erfahrungen gemacht – und nicht nur positive. Ferragosto ist am 15. August, und Italiener lieben ihn fast genauso sehr wie Weihnachten. Den Feiertag gab es schon in der Antike.[13] Damals wurden unter anderem Arbeitspferde und Maulesel von ihrem mühsamen Dienst befreit – heute hingegen gestresste italienische Angestellte. Ämter, Büros und Fabriken sind geschlossen, mindestens für einen Tag, oft aber auch gleich für ein oder zwei Wochen. Ich erinnere mich noch genau an meinen ersten Ferragosto während einer Interrail-Tour mit 17: Das sizilianische Syrakus hatte sich über Nacht in eine Geisterstadt verwandelt, und meine Reisegefährtinnen und ich haben den ganzen Tag Müsli ohne Milch gegessen, weil es unmöglich war, neuen Proviant zu kaufen. Da würde Danieles Familie mich sicher besser verköstigen.

Der Renault 4 stotterte und ächzte, als er uns aus der Stadt brachte, Richtung Sommerfrische. Gleich südöstlich von Rom beginnen die Albaner Berge mit dunkelblauen Vulkanseen, Weinbergen und kleinen Wäldchen – und mit den *Castelli Romani*, einem guten Dutzend mittelalterlicher Städtchen. Die Luft hier ist deutlich sauberer und kühler als unten in der stickigen Hauptstadt, und die Region ist berühmt für ihren Wein und für deftig-delikates Essen. Kein Wunder also, dass die Castelli für Ausflüge, aber auch als Sommersitz sehr geschätzt werden – von den gemeinen Römern genauso wie von ihrem kirchlichen Oberhaupt. In einem malerischen Ort namens Castel Gandolfo liegt nämlich die Sommerresidenz der Päpste, wo diese seit jeher die heißen Monate verbringen.

„Wir hätten früher losfahren sollen, dann hätten wir Zeit für einen Spaziergang gehabt", seufzte ich, als wir an Castel Gandolfo vorbeifuhren. Unterhalb der Stadt schimmerte der kraterrunde Albaner See. Selbst aus der Entfernung konnten wir dann allerdings sehen, dass sich an der Uferpromenade die Autos stauten und dass die schwarzen Vulkansandstrände vor Menschen wimmelten. Ferragosto-Chaos. Wahrscheinlich war es gut, dass wir ein anderes Ziel hatten.

Zwei von Danieles Nichten kamen die Treppe hinabgesaust, als wir in Monte Compatri geparkt hatten und die schwere Holztür des Familienhauses öffneten. *„Ciao zio!"*, „Hallo Onkel!", riefen sie und gaben mir dann ein wenig schüchtern die Hand. Es waren Rebecca und Adelaide, die Töchter von Danieles Bruder. Sie hatten mich schon einmal gesehen, aber das war fast ein Jahr her und damit für sie eine kleine Ewigkeit. Allerdings fanden sie es äußerst spannend, dass ihr junger Onkel eine *Deutsche* zur Freundin hatte, die (ihrer Ansicht nach) *blond* war und mit merkwürdigem Akzent Italienisch redete. „Warum kannst du das rrrrrr nicht richtig sagen?", hatte mich Adelaide, damals vier, beim letzten Treffen gefragt und dann versucht, mir ein perfekt gerolltes römisches rrrrrr beizubringen – zu unserer beider Enttäuschung vergeblich.

Das Haus in Monte Compatri war alt, aus grob behauenen Travertinsteinen gebaut. Es stand mitten im Ort, gleich an der Hauptstraße. Ursprünglich waren im Erdgeschoss wohl Stallungen gewesen. Eine wuchtige Treppe führte hinter dem Eingang nach oben, wo sich diverse Schlafzimmer und das enorme Wohnzimmer befanden – und natürlich der Rest von Danieles Familie. Küsschen links, Küsschen rechts, *„Che bello che ce l'avete fatto!"*,[14] Händeschütteln, Lächeln: sie machten es mir leicht, mich willkommen zu fühlen, und Daniele strahlte mit seiner Mamma um die Wette. Seine Eltern waren pensionierte Lehrer, beides ruhige, freundliche Familienmenschen. Schwester Armanda erzählte gern, lachte viel und war mit dem groß gewachsenen Andrea[15] verheiratet, einem Physiker. Ihre zwei Töchter hießen Irene und Lucia, hübsche Mädchen mit Mandelaugen, die zum Stolz ihrer Eltern stets Zeugnisse mit Bestnoten nach Hause brachten. Besonders gut verstand sich Daniele mit seinem sechs Jahre älteren Bruder Giuliano, dem er auch sehr ähnelte. Die beiden hatten die ganze Kindheit über ein Zimmer geteilt und waren trotzdem – und trotz des Altersunterschieds – immer prächtig miteinander ausgekommen. Das imponierte mir. Überhaupt mochte ich die Selbstverständlichkeit, mit der meine römischen Freunde an ihren Familien hingen. Ich kann mich nicht erinnern, jemals von irgendjemandem abschätzige Worte über seine Eltern oder Geschwister gehört zu haben.

In der Küche traf ich auf Giulianos Frau Daria, an deren Bein ihr Söhnchen Sebastiano hing. Er war erst drei und ein putziges Kerlchen, befand sich aber gerade in einer ziemlich anhänglichen Phase. „Auf, *tesoro*, mein Schatz, spiel mit deinen Cousinen. Die können dir die Murmelbahn aufbauen", sagte Daria, während sie gleichzeitig versuchte, im Kühlschrank Platz für eine enorme Glasform zu finden. „Mmmmmmh, du hast Tiramisu gemacht!", sagte ich begeistert. „Warte, ich helf' dir mit dem Kühlschrank." Darias Tiramisu durfte bei keinem Familientreffen fehlen. Es war locker-cremig und kaffee-köstlich. Das einzige Problem war nur, dass es immer am Schluss der opulenten Mahlzeiten serviert wurde, wenn ich eigentlich keinen Bissen mehr essen konnte.

Natürlich kam es auch an diesem Tag nicht anders. Armanda, Daria und Danieles Mutter versicherten zwar, sie hätten wegen der Augusthitze alles *leggero*, besonders leicht, gehalten. Aber nach Bruschette, zweierlei Pasta, kaltem Rollbraten mit Gemüse, Käseplatte und Obstsalat schaffte ich wieder nicht mehr als ein trauriges, viel zu kleines Häufchen Tiramisu. „Bist du denn überhaupt satt geworden?", scherzte Giuliano. „Ich fühl mich wie eine Riesenpython, die einen Elefanten verschluckt hat. Ich hoffe, ich sehe nicht auch so aus", antwortete ich. Giuliano lachte. „Denk bloß nicht, dass du heute Abend hungern kannst", sagte er dann. „Daniele hat gesagt, dass er dir später noch Frascati zeigen will. Und ich ahne schon, wo ihr am Ende landen werdet ..."

Den Nachmittag verbrachten wir faul und träge plaudernd im Wohnzimmer. Dank der dicken Steinmauern war es im Haus angenehm kühl. Die Kinder rannten hin und her und spielten Verstecken, Irene stets mit dem winzigen Sebastiano im Schlepptau. Sie war die Älteste und gefiel sich schon in der Rolle als Babysitter. „Hab ich euch eigentlich schon erzählt, dass Maurizio und Sonia im Oktober heiraten? Wir haben kürzlich die Einladung bekommen", sagte Daniele. „Wer heiratet? Maurizio? Das ist der mit den Locken, der jetzt bei der Polizei arbeitet, oder?", erkundigte sich Danieles Mutter interessiert. Sie kannte die meisten seiner alten Freunde noch aus Kindheitstagen. „Wo heiraten sie denn?" Daniele bemühte sich redlich, von den Hochzeitsplanungen zu erzählen, aber die Details, von denen Maurizio und Sonia ununterbrochen erzählt hatten, hatte er allesamt vergessen – oder verdrängt.

„Das wird meine vierte Hochzeit in diesem Jahr", stöhnte er. „Und wenn ich Pech habe, heiratet auch noch einer von meinen Kollegen." Ich stupste ihn in die Seite. „Ach komm, das wird doch bestimmt sehr lustig. Meine erste römische Hochzeit – ich freu mich riesig darauf." „Vor dem Fest musst du aber noch üben, *wirklich* viel zu essen", sagte Armanda. „Dagegen ist der heutige Tag ein Klacks."

Das gab mir zu denken, als Daniele und ich am frühen Abend aufbrachen und ins nahe gelegene Frascati fuhren. Mit gut 20.000 Einwohnern und einem kleinen Bahnhof ist Frascati kein Dorf, sondern ein stolzes Städtchen und so etwas wie das Zentrum der Castelli Romani. Auf der Piazza San Pietro wimmelte es von Leuten: Offenbar waren wir nicht die Einzigen, die den Ferragosto hier ausklingen lassen wollten. Kleine Jungs rannten aufgeregt mit Wasserpistolen umher. Pärchen schlenderten händchenhaltend vor der Fassade des üppigen Barockdoms auf und ab. Ein Ballonverkäufer ließ eine Traube von heliumgefüllten Bären, Nemo-Fischen und Mickeymäusen tanzen. Und wir spazierten durch die engen Gassen, während es langsam dunkel wurde. Daniele führte mich zu einer Aussichtsterrasse; Frascati lag schließlich auf mehr als 300 Metern Höhe. Weit entfernt, am Horizont, flackerte ein gigantischer Lichterteppich. Das war doch nicht etwa ...? „Rom!", bestätigte Daniele. Geliebter Moloch. Ich hatte tatsächlich langsam begonnen, mich dort zu Hause zu fühlen. Vom kleinen, ländlichen Frascati aus erschien es wie eine andere Welt.

Trotz Ferragosto hatte ein geschäftstüchtiger Lebensmittelhändler am Marktplatz noch immer geöffnet. Er wusste schließlich, was all die Frascati-Besucher wollten. „Wir hätten gerne Brot, ja, das da hinten, das Bauernbrot. Dann Oliven. Und *Porchetta* natürlich, ganz klar", bestellte Daniele und deutete auf ein im Ganzen geröstetes Ferkel mit knuspriger brauner Haut. Der Händler säbelte Scheibe um Scheibe für uns ab und schlug sie sorgsam in Papier ein. „Und wo essen wir das jetzt? Sollen wir wieder zur Aussichtsterrasse zurückgehen?", fragte ich. Ich dachte an eine Art Picknick. „Da weiß ich noch einen viel besseren Ort", antwortete Daniele. „Einen, wie es ihn nur hier in den Castelli Romani gibt. Oder bist du etwa nicht auch ein bisschen durstig?"

Bald darauf saßen wir unter einer ausladenden Platane mit grob gezimmerten Tischen und Bänken. Ein Wirt hatte vor uns eine weiße Papiertischdecke ausgebreitet und dann Wasser und einen Krug mit kühlem Weißwein gebracht. Aus Frascati natürlich – die Stadt war schließlich für ihre Winzerkunst bekannt. Daniele packte unser Brot, Oliven und die Porchetta auf den Tisch. Ich zögerte. „Dürfen wir das hier denn essen?", fragte ich zweifelnd. „Na klar", versicherte Daniele. „Das ist hier kein Lokal, sondern eine *fraschetta*. Im Prinzip verkauft der Wirt nur Wein und Wasser, und den Rest bringt man selbst mit. Probier mal!" „Ahh ... mmmmm ...", brummte ich zustimmend, den Mund voller Porchetta. Würzig war sie, und natürlich fettig. Und weil es kein Besteck gab, aßen wir ganz selbstverständlich mit den Fingern, genau wie die anderen Gäste auch. Ich war überrascht, dass ich tatsächlich wieder Appetit hatte. Ausflüge aufs Land machten offenbar hungrig. Oder vielleicht passte ich mich langsam aber sicher den römischen Sitten an.

## Nachhilfe im Römisch-Sein
### Teil 3: Direkt am Brunnen trinken

Wasser! Sie wanken schweißverklebt durchs sommerliche
Rom und haben unendlichen Durst. Tun Sie den fliegenden Händlern bloß keinen Gefallen und kaufen von ihnen eine lauwarme, überteuerte Plastikflasche! Beim Spaziergang in der Altstadt genügt es, nach dem typischen
Plätschern zu lauschen – und schon finden Sie einen der
über zweitausend Hydranten, aus dem Tag und Nacht
eiskaltes und frisches Wasser fließt. Der Römer nennt sie
*nasoni*, weil ihr Wasserrohr an eine hervorstehende Haken-
nase erinnert. Und wenn er trinken will, hält er das Rohr
von unten zu, so dass aus einem kleinen Loch an der
Oberseite das Wasser bequem direkt in seinen Mund
hinein spritzt. Ja, das braucht ein bisschen Übung! Und:
Nein, niemand fällt so einer Legionellen-Vergiftung an-
heim! Zwar wird regelmäßig diskutiert, ob die Nasoni ab-
geschafft oder zumindest mit einem Hahn ausgestattet
werden müssten; aber wenn nicht ununterbrochen Wasser fließt, erwärmt es sich tatsächlich und wird ungenieß-
bar. Und die Römer lieben ihre Brunnen nun einmal seit
der Antike.

Viel auffälliger als die dunkelgrauen Wasserspender
sind Monumentalbrunnen wie die *Fontana di Trevi*. Darin zu baden ist auch bei größter Hitze streng verboten,
auch wenn Sie noch genau vor Augen haben, wie viel Spaß
Anita Eckberg in „La dolce vita" beim Plantschen hatte.
Münzen ins Wasser werfen dürfen Sie selbstverständlich –
Münzen herausholen besser nicht. Regelmäßig werden
Schlauberger verhaftet, die hübsche Summen aus den Flu-
ten geklaubt haben. Am berühmtesten ist ein schmer-
bäuchiger Arbeitsloser namens D'Artagnan, der mehrere

Jahrzehnte im Trevi-Brunnen gefischt hatte, bis ihm das Handwerk gelegt wurde. 2005 stellte man freilich fest, dass auch die offiziell angestellten Arbeiter geklaut haben, die die Touristenmünzen aufsammeln sollten: Sie haben etwa 2000 Euro pro Woche für sich selbst behalten, anstatt sie vorschriftsgemäß der Caritas zu übergeben. Im Jahr machte das mehr als 100.000 Euro – und war Grund genug, den münzenwerfenden Besuchern wirklich dankbar zu sein.

# September – Im Namen des Vaters

*Vierte Lektion, in der ich lerne, wie man in den Vatikan hineinkommt – und dass es dort nicht nur Nobelboutiquen, sondern auch Latein sprechende Bankautomaten gibt.*

FÜR MEINEN GESCHMACK war es immer noch drückend heiß, doch die Römer waren in ihre verlassene Stadt zurückgekehrt – einschließlich meiner Mitbewohner. Martino war aufgekratzt und auffallend guter Laune. Beim Frühstücken plauderte er, anstatt griesgrämig in seinem Milchkaffee zu rühren. Er brachte unaufgefordert den Müll nach unten, und selbst sein Gitarrenspiel klang weniger melancholisch als sonst. Er hatte sich im Sommer verliebt. Die Auserwählte hieß Fiorella, was auf Italienisch ein ganz gewöhnlicher Name ist, aber auf Deutsch übersetzt nach Indianer-Squaw klingt. „Kleine Blume" bedeutet Fiorella, und insgeheim musste ich immer grinsen, wenn ich das Blümchen sah. Es war tatsächlich sehr zart, hatte raspelkurze Haare und ein schüchternes Lächeln, aber auch zwei ungewöhnlich große Brüste, die Martino gern versunken anstarrte. „Stell Dir vor: Sie ist erst 18 und geht noch aufs *liceo*", erzählte Michela flüsternd, als die beiden Turteltauben in Martinos Zimmer verschwunden waren. „Ihrer Familie gegenüber behaupten sie jetzt, Martino sei nicht 28, sondern erst 22. Sonst würde Fiorellas Vater sicher einen Aufstand machen."

Ich gönnte Martino sein Glück, auch wenn es durch Fiorellas ständige Anwesenheit in der Wohnung eng wurde. Kaum war die Schule zu Ende, klingelte sie schon unten an der Tür, und Martino stürmte „Das ist für mich! Das ist für mich!"-rufend zum Türöffner. Danach besetzten die beiden die Küche, weil der Esstisch so praktisch groß zum Lernen sei. Fiorella breitete pflichtbewusst ihre Schulbücher, Martino seinen Unikram aus – doch das war's dann auch mit den Fleißübungen. Dann redeten sie über dieses und jenes, Martino las aus seinen Kurzgeschichten vor, während Fiorella ihm andächtig zuhörte, und nur wenn ihre Knutscherei wirklich peinlich wurde, zogen sie sich in Martinos Zimmer zurück.

Alles in allem mied ich also die Küche und blieb lieber an meinem Schreibtisch. Zumindest kam das meiner *Tesi* zugute. Die ersten zwei Kapitel waren inzwischen fertig. Es waren die einfachsten der Arbeit, und ich hatte sämtliches Material schon im Vorfeld gesammelt – aber ich war trotzdem zufrieden. Ich mailte die Texte meinem Professor an der Universität Florenz, der die Arbeit betreute, und fuhr anschließend mit dem Zug zur Sprechstunde, weil ich mein weiteres Vorgehen besprechen wollte. Professor Collini war galant wie immer, aber nicht wirklich hilfreich. „Alles ganz wunderbar, Signorina, schreiben Sie einfach so weiter!", sagte er jovial und strich seine graue Löwenmähne glatt. „Ich melde Sie dann für Mai zur Abschlussprüfung an! Das schaffen Sie doch ohne Probleme, nicht wahr?"

Während der Intercity nach Rom zurückratterte, begann ich zu rechnen. Acht Monate blieben mir also für die *Tesi*, weitere vier Kapitel wollte ich noch schreiben. Natürlich würde ich dann alles nochmals überarbeiten, noch einmal gründlich Korrektur lesen müssen – aber eigentlich lag ich inzwischen erstaunlich gut in der Zeit. Daniele hatte recht gehabt: Nach dem schwierigen Anfang lief das Schreiben fast von alleine. Könnte ich mir also erlauben, einen Nebenjob zu suchen? Ab sofort ein, zwei Tage pro Woche etwas anderes zu machen?

Ich hatte den einsamen Schreibtisch satt – und obendrein ein ziemlich geplündertes Konto.

Die Römer ereifern sich nicht umsonst gerne darüber, wie teuer das Leben seit der Euro-Einführung geworden sei. Auf die neue Währung hatten viele Pizzerias und Bars der Hauptstadt ganz pragmatisch reagiert: mit Edding drei Lira-Nullen vom Preis weggestrichen, dann dahinter ein Eurozeichen geschmiert – und schon kostete alles das Doppelte, ohne dass man sich mit Kopfrechnen belasten musste. Die derart korrigierten Speisekarten sind mit der Zeit verschwunden, aber Roms hohe Preise sind geblieben. Ein kleiner Aushilfsjob wäre also ideal. Und ich wusste schon, wo ich deshalb anrufen würde, sobald ich die Zugfahrt hinter mir hätte: in der deutsch-sprachigen Redaktion von Radio Vatikan. Ich hatte dort im Vorjahr bereits ein Praktikum gemacht, und wir waren in losem, freundlichem Kontakt geblieben. So wusste ich auch, dass die Redaktion gerade dünn besetzt war. Vielleicht konnten sie Hilfe gebrauchen.

Francesca stöhnte theatralisch, als ich ihr später am Tag von meinen Plänen erzählte. Wir hatten uns zum Aperitiftrinken am Campo de Fiori getroffen, bevor sie zum Abendessen nach Hause und ich in Danieles WG fahren wollte. „Du wirst schon wieder für die Pfaffen arbeiten? Gibt's denn in ganz Rom keinen anderen Job für dich?", fragte sie verstimmt und rührte in ihrem Campari. Wir saßen mitten auf der Piazza, auf den Stufen des Giordano-Bruno-Denkmals, den Aperitif in Plastikbechern. Bei solchen Stilfragen sind junge Römer nicht pingelig, weil sie nicht nur gern ausgehen, sondern eben auch tendenziell knapp bei Kasse sind. Es kostet oft doppelt bis drei Mal so viel, sich an den Tischchen vom Kellner bedienen zu lassen, anstatt sein Getränk an der Theke zu schlürfen oder mit auf die Piazza zu nehmen. Tagsüber gilt das Preisgefälle übrigens auch für Kaffee: Der Römer steht, während er morgens ein Cornetto in den Cappuccino taucht oder mittags einen schnellen Espresso kippt; und er schielt dabei mitleidig zu dem Paderborner Familienvater, der sich mit Frau, Nachwuchs und schmerzenden Füßen zu setzen wagte und dann wegen der Rechnung bleich wird wie das Häubchen seines Latte Macchiato. Aber ich komme vom Thema ab.

„Radio Vatikan!", schimpfte Francesca weiter. „Diese Propaganda-Anstalt. Dass du dich *freust*, da nochmals zu arbeiten ..." – „Ach komm, jetzt fang' nicht wieder damit an, wie wenig du den Papst ausstehen kannst", sagte ich, trotz aller guten Vorsätze genervt. „Das musste ich mir alles schon letztes Jahr während des Praktikums anhören. Weißt du noch, wie viel Spaß mir der Monat damals gemacht hat? Wie interessant es war, ein bisschen in den Vatikan reinzuschnuppern? Ist doch phantastisch, dass die mich jetzt als Aushilfe genommen haben. Ich finde, du könntest dich ruhig für mich freuen!" – „Tu ich ja", behauptete Francesca gequält und stieß dann halbherzig mit ihrem Plastikbecher auf meinen neuen Nebenjob an. Von seinem Sockel hinter uns starrte Giordano Bruno derweil anklagend Richtung Vatikan. Er war 1600 auf dem Campo de Fiori als Ketzer verbrannt worden, und hatte also zumindest einen guten Grund für seinen Groll, im Gegensatz zu Francesca.

94 Prozent der Römer lassen ihre Kinder taufen, doch nur jeder Fünfte geht regelmäßig zur Messe. Auch die heilige Stadt kennt leere Kirchen – insbesondere im historischen Zentrum. Allerdings konkurrieren dort auch ganze 320 Gotteshäuser um die immer weniger werdenden Schäfchen, die sich dieses exklusive Wohngebiet noch leisten können. Das Verhältnis der Römer zum Vatikan ist zwiespältig, fast immer aber viel leidenschaftlicher, als ich es von Deutschland aus kannte. Dort zahlten viele schulterzuckend ihre Kirchensteuer, um dann nur an Weihnachten in den Gottesdienst zu gehen. In Rom

aber kannte ich beides: junge Leute, die mit der größten Selbstverständlichkeit den Sonntagmorgen in der Kirche verbrachten – und andere, wie Francesca, die bei jeder Gelegenheit über den Vatikan schimpften und den Päpsten ihren Einfluss auf die italienische Politik sehr übel nahmen.

Auch auf Radio Vatikan waren dementsprechend nicht alle Römer gut zu sprechen. Es gibt den Sender seit 1931, er ist einer der ältesten weltweit – und er richtet sich keineswegs nur an Rom, sondern ist dank gewaltiger Sendeanlagen rund um den Globus zu hören. Während des Weltkriegs drohten die Nazis mehrfach, sie würden den Vatikan stürmen lassen, falls sich der Papstsender nicht mäßige. Ähnlich unbeliebt waren die frommen Radiobotschaften während des Kalten Krieges bei den kommunistischen Machthabern im Ostblock. In China gilt das Radio-Vatikan-Programm noch heute als hochpolitisch, weil dort die römisch-katholische Kirche verboten ist. In Deutschland jedoch kennen eigentlich nur eingefleischte Katholiken den Papstsender – nicht zuletzt, weil er bis zur Verbreitung des Internet nur mit üblen Knackgeräuschen über Mittel- und Kurzwelle zu hören war. An das Praktikum im Vorjahr war ich zufällig gekommen: Die Nichte einer Bekannten meiner Eltern hatte dort gearbeitet, und weil ich damals sowieso in Florenz studierte und meine Begeisterung fürs Radiomachen entdeckt hatte, hatte ich mich beworben.

Egal, was Francesca sagte – ich fand den Vatikan faszinierend, und sein Radio ebenso. Im riesigen Funkhaus arbeiten etwa vierhundert Journalisten und Techniker, die Sendungen in über 47 Sprachen erstellten, unter anderem auf Amharisch, Chinesisch, Französisch, Hindi, Italienisch, Kisuaheli, Kroatisch, Lettisch, Portugiesisch, Rumänisch, Russisch, Schwedisch, Spanisch, Somalo, Tagalok Tamil, Tigri, Ukrainisch, Urdu, Vietnamesisch, Weißrussisch und Latein. Auf demselben Flur wie die deutsche Redaktion arbeiteten etwa noch arabischsprachige Journalisten und Skandinavier. Die Führung des Radios lag von jeher bei Jesuitenpatern, in manchen Abteilungen saßen auch Ordensschwestern hinterm Mikrofon, doch die meisten Angestellten waren Laien. Sie eilten mit Interviewmanuskripten über die Korridore oder tippten hektisch am Computer, um die Neuigkeiten aus Vatikan und Weltkirche rechtzeitig vor ihrer Sendung in Nachrichtenform zu bündeln. Dann stülpten sie sich in den Studios enorme Kopfhörer über, räusperten sich, nickten dem Techniker hinter der schalldichten Scheibe zu und sprachen salbungsvoll „Laudetur Jesus Christus" ins Mikrofon, „Gelobt sei Jesus Christus". Mit diesem lateinischen Satz – und mit dem Glockenschlag von St. Peter – begann nämlich seit über siebzig Jahren jede Sendung.

Mein erster Arbeitstag war schon am nächsten Montag. Mit der Buslinie 40 konnte ich direkt vom Hauptbahnhof Termini bis zum Funkhaus durchfahren. Das lag nämlich außerhalb des geschlossenen Vatikangebiets, am Ende der protzigen Via della Conciliazione, die genau auf den Petersdom zuläuft. Sehr entspannt würden diese Busfahrten freilich nicht werden, dachte ich bedauernd, als ich beim Aussteigen zum x-ten Mal nach meinem Portemonnaie tastete: Genau wie in der berüchtigten Linie 64 musste man auch in der 40 ständig auf der Hut vor Taschendieben sein. Die wurden schließlich von Touristenmassen angezogen wie die Fliegen von klebrigem Vin Santo; und in den beiden Buslinien, die zum Vatikan führten, drängten sich die Besucher meist so dicht wie sonst nirgends in der Ewigen Stadt.

„Da kommt ja unsere Verstärkung! Willkommen, willkommen!", rief Pater Gemmingen erfreut, als ich an den deutschen Redaktionsräumen klopfte. „Geht es Ihnen gut, haben Sie sich in Rom eingelebt? Da hinten ist Ihr Computer für heute, der Jürgen weiß Bescheid. Ich muss jetzt leider noch schnell ..." Und dann murmelte der Pater irgendetwas von „Konferenz nachher" und „Kardinal zum Interview" und war schon wieder verschwunden. Ich kannte das noch aus dem Praktikum: Der Pater war stets in Eile. Seit über 25 Jahren war er Chef der deutschsprachigen Abteilung – ein freundlicher, weißhaariger, manchmal leicht chaotischer Jesuit aus Württemberg. Radiomachen war seine Berufung. Und auch wenn er inzwischen mehr als ein Drittel seines Lebens in Rom verbracht hatte, so war er doch herrlich uneitel geblieben. Ich staunte oft, wie herausgeputzt manche Priester waren, denen man rund um den Vatikan begegnete. *Fare una bella figura*[16] schien in Rom nicht nur erklärtes Ziel der Einheimischen zu sein, sondern auch der zugezogenen Männer Gottes. Pater Gemmingen hingegen eilte in Birkenstocksandalen durch die Redaktion. Und weil er das „Römische Kollar" so hasste, das ringförmig und steif den Hals umschließt, trug er stattdessen Priester-Schummelhemden: In die wurde nur vorn ein kurzer weißer Plastikstreifen geschoben, um ein Kollar vorzutäuschen. Doch selbst diesen Plastikstreifen nestelte der Pater bei der Arbeit heraus, verlegte ihn auf dem Schreibtisch und befestigte ihn nur wieder ordnungsgemäß, wenn sich Gäste oder ein Vorgesetzter angekündigt hatten.

Die deutschsprachige Redaktion von Radio Vatikan war klein und bis auf den Pater erstaunlich jung. Die meisten Mitarbeiter waren Ende zwanzig, Mitte dreißig. Ein junger Theologe namens Jürgen sorgte dafür, dass das Tagesgeschäft reibungslos lief. Besonders freute ich mich, Irene wiederzusehen, eine Kunstgeschichtlerin, die in Rom aufgewachsen war, und eine hellblonde Hanseatin namens Bettina. Als Protestantin war sie ein echtes Kuriosum bei Radio Vatikan, und sie war stets ansteckend gut gelaunt. „Ich muss für heute Abend noch einen Beitrag fertig machen, und ich hab außerdem die Nachrichtensendung um vier", sagte Bettina schließlich, nachdem ich alle begrüßt und eine Weile geplaudert hatte. „Meinst du, du kannst mal die Agenturen durchschauen und mir dann beim Nachrichtenschreiben helfen?" – „Klar, gerne!", sagte ich und war froh, dass mir am ersten Tag die Arbeit am Audio-Computer erspart blieb. Auf ihm wurden Interviews und Beiträge geschnitten. Ich würde mir in einer ruhigen Stunde nochmals anschauen müssen, wie die Software funktionierte.

Es war großartig, nun öfter aus dem Haus zu kommen. Drei volle Tage pro Woche schrieb ich zwar weiterhin an der *Tesi*. Doch an den anderen Tagen fuhr ich zu Radio Vatikan ins Funkhaus, je nach Bedarf auch am Wochenende. Ich schrieb Nachrichten und schwitzte vor Lampenfieber, wenn ich sie dann auch im Studio live lesen musste. Ich rannte mit dem Mikrofon Pilgern auf dem Petersplatz hinterher und übte mit der Schnittsoftware. Und fast jeden Tag saß ich irgendwann in einem der schalldichten Aufnahmekabuffs und hoffte, dass mich die Technik nicht im Stich lassen würde. Von diesen Kabuffs aus zeichneten wir Telefoninterviews auf – mit einem neu ernannten Bischof aus Deutschland, mit Experten für die neueste Krisenentwicklung in Israel, oder mit einem Ordensbruder, der im unruhegeplagten Sudan die Stellung hielt und von den bedrohlichen Missständen erzählte. Berichte aus Dritte-Welt-Ländern, die ansonsten in den Medien wenig beachtet wurden, waren dem Pater stets wichtig. Aber Telefonverbindungen in Krisenregionen waren natürlich schwer zu organisieren. „*Pronto!* Sie wünschen?", raunzte eine unfreundliche Stimme, sobald ich den Hörer abnahm. Die Telefonzentrale des Vatikan war fest in den Händen von schlecht gelaunten Ordensschwestern, denen ich nun stotternd auf Italienisch – „*Zero, zero, due, quattro, otto ...*" – meine nicht enden wollende sudanesische Telefonnummer diktieren musste. Und dann nochmals, wenn die Verbindung nicht zustande kam. Und dann nochmals, wenn das Gespräch mitten im Interview mit einem lauten Knacken unterbrochen wurde.

„Kommst du jetzt eigentlich problemlos in den Vatikan hinein?", fragte mich eines Abends Michela neugierig. Wir saßen mit Simona in der Küche, in ungewohnt kleiner Runde: Fiorella war gerade zu einer fünftägigen Klassenreise nach Venedig aufgebrochen, und Martino litt zwar melodramatisch, aber in seinem Zimmer. Erstaunlicherweise spielte er nicht einmal Gitarre. Vielleicht schrieb er an einem poetischen Liebesbrief, oder er war insgeheim froh, dass er mal wieder ein paar Abende lang in Ruhe lesen konnte. „Nein, leider komme ich genauso wenig in den Vatikan rein wie ihr", seufzte ich. „Das Radiogebäude liegt ja außerhalb, und ich hab keinen festen Vertrag. Nur die richtigen Angestellten bekommen die magische Zugangskarte. Mit der können sie dann wohl auch im Vatikan billig tanken und steuerfrei im Supermarkt einkaufen. Der soll gar nicht übel sein." „Neuerdings gibt's wohl sogar eine Edelboutique im päpstlichen Bahnhofsgebäude", sagte Michela verträumt. „Ich hab in der Zeitung davon gelesen: Gucci-Taschen, Armani, teure Uhren und Kosmetik ..." – „Und wer soll das kaufen? Die Vatikangehälter sind zwar steuerfrei, aber wirklich nicht üppig", sagte ich. Selbst Kardinäle, die höchsten Würdenträger nach dem Papst, verdienten scheinbar gerade mal um die dreitausend Euro, von denen sie Haushälterinnen, Essen, Autos und ihre teuren Soutanen bezahlen mussten. Simona zuckte mit den Schultern. „Wahrscheinlich shoppen da vor allem die Diplomatengattinnen. Die müssen ja auch etwas zu tun haben", sagte sie. Dann grinste sie verschwörerisch. „Weißt du was? Wir müssen dich hinter die Vatikanmauern schmuggeln. Das gehört doch auch dazu, wenn du Rom kennenlernen willst! Ich ruf mal meinen Cousin an. Der hat früher in der päpstlichen Druckerei gearbeitet und kennt alle Tricks."

Es gibt ja nun einige Zwergstaaten auf der Welt, doch der Vatikan ist mit Sicherheit der ungewöhnlichste. Rund eine Milliarde Katholiken auf der ganzen Welt betrachten ihn als ihr religiöses Zentrum – dabei zählt er nur etwa fünfhundert Bürger. Auch von der Fläche her ist der Kirchenstaat klein: Man könnte ihn problemlos acht Mal im Englischen Garten von München unterbringen. Der Petersdom, der Petersplatz und die Vatikanischen Museen gehören schon nicht mehr zum italienischen Staatsgebiet, sind aber für jedermann zugänglich. Der Rest des Vatikans jedoch liegt tatsächlich hinter einer uralten, steil in den blitzblauen römischen Himmel ragenden Mauer. Offiziell gilt *intra muros* Latein als Amtssprache; mehrere Ordensbrüder übersetzen alle Papst-Enzykliken, Briefe, Predigten und Erlasse und können natürlich auch fließend in der alten Kirchensprache parlieren.[17] Was sich sonst noch hinter den Mauern versteckt? Offenbar eine ganze Menge: ein Staatssekretariat und andere Kirchenbehörden, ein duftender Garten samt Lourdes-Grotte, das berühmte Vatikanische Geheimarchiv, ein kaum benutzter Bahnhof, verschiedene Priesterwohnheime, Garagen für die Papamobile und überfüllte Parkplätze für die Autos der Angestellten, Druckerei und Müllabfuhr sowie Fußballplätze für die eigene kleine interne Vatikanliga. In der traten zum Beispiel regelmäßig die „Päpstlichen Gärtner" gegen die Angestellten der Vatikanpost an, während hohe Würdenträger höchstens ein Gebet beisteuerten.

Natürlich gibt es nicht nur die schützende Mauer um den Vatikan, sondern auch diverse Tore, durch die man in den Kirchenstaat hineingelangen kann. Das Tor mit dem meisten Publikumsverkehr ist die *Porta Sant'Anna*. Vor der stand ich nun und betrachtete mit einer Mischung aus Respekt und Mitleid die diensthabenden Schweizer Gardisten, die stoisch das Geknipse einer kleinen Gruppe Japaner ertrugen. Auf dem Petersplatz und bei wichtigen Anlässen waren die Schweizer ja Federbüschel-behelmt und trugen papageienbunte Uniformen und altertümliche Hellebarden. Die St.-Anna-Pforte jedoch bewachten sie in ihrer schlichten blauen Exerzieruniform und wirkten damit ernster, strenger. Ob sie mich wirklich so einfach durchlassen würden, wie Simonas Cousin behauptet hatte?

„Bis in die Papstgemächer wirst du nicht kommen – aber ganz sicher hinter die Mauer", hatte er versprochen, als mir Simona an jenem Abend nach kurzem Vorgeplänkel ihr Handy ans Ohr gedrückt hatte. Es gäbe da verschiedene Möglichkeiten, hatte der Cousin doziert. „Erst mal: du bist deutsch. Also lassen dich die Wachen links vom Petersdom durch bis zum Campo Santo Teutonico, bis zum deutschen Friedhof, wenn du sie höflich danach fragst. Aber da gibt's nicht viel zu sehen, bloß Gräber und Grünzeug." Ein weiterer Eingang, so hatte er erzählt, sei die Suppenküche an der Ecke zur Porta Cavalleggeri, die von den Ordensschwestern der Mutter Teresa betrieben werde. „Aber die ist für obdachlose Frauen, das bringt dich auch nicht weiter." Am besten solle ich es also an der St.-Anna-Pforte probieren: entweder, indem ich behauptete, zum Almosenamt zu wollen; in dem konnten Gläubige verschnörkelte Urkunden bestellen, auf denen der Papst zu Geburtstagen oder Hochzeiten seinen personalisierten Segen erteilt. „Oder du lässt dir vom Arzt etwas verschreiben und erklärst, dass du zur Vatikan-Apotheke willst." – „Ach, bitte, bitte, probier das doch aus!", hatte Michela gesagt, „Ich komme schon seit Tagen nicht zur Apotheke und hab hier ein Rezept für mein Hustenmittel." Und mit diesem Rezept wedelte ich jetzt vor einem Schweizer Gardisten und sagte mög-

lichst selbstverständlich *„Per la farmacia vaticana, per favore."*
Der Gardist ließ sich den Ausweis zeigen, nickte, salutierte –
und dann war ich drin. Im Vatikan. Wow.

Der Boden hinter der Mauer war heilig, aber unbequem
zum Laufen. Grobes Kopfsteinpflaster. Offensichtlich kamen
hier nicht viele Frauen mit Absatzschuhen entlang, und wenn
doch, dann mussten sie für ihre weltliche Eitelkeit eben bü-
ßen. Am Tor gaffte mir neidvoll die Japanergruppe nach, während ich schnurstracks die Via del Belvedere hochlief. Bloß
nicht auffallen, dachte ich zunächst. Doch als ich merkte, dass
sich wirklich niemand für mich interessierte, begann ich zu
bummeln. Ich sah den bunkerartigen Turm der Vatikanbank
I. O. R. und hob spaßeshalber 50 Euro ab. Ein Radio-Kollege
hatte mir erzählt, dass die Anweisungen der vatikanischen
Geldautomaten auf Latein geschrieben seien; und das waren
sie zu meiner Genugtuung auch: *„Inserite scidulam quaeso"*,
„Bitte Karte einführen". Dann spazierte ich bei der Vatikanpost vorbei, die Münzen und Heiligenbriefmarken verkaufte
und angeblich zuverlässiger war als die italienische Konkur-
renz.

In der Via del Pellegrino gab es ein kleines Ladenlokal des
päpstlichen Leibfotografen. Auch hier hatten offenbar Normal-
sterbliche Zutritt: Zwei aufgeregte Pilger aus Lateinamerika
standen am Tresen. Sie waren am Mittwoch bei der General-
audienz des Papstes gewesen und hatten anschließend dem
Heiligen Vater die Hand drücken dürfen. Da sämtliche Begeg-
nungen der Päpste für die Ewigkeit dokumentiert werden, lag
vor den Pilgern nun eine schwere Rolle mit Kontaktbildern,
und sie diskutierten, welche Fotos sie abziehen lassen sollten.
Den Preis fand ich christlich bescheiden: Das kleinste Format
kostete nur zwei Euro.

Schließlich betrat ich die päpstliche Apotheke, die im Pa-
lazzo Belvedere untergebracht war – und blieb schockiert ste-

hen. Es war so voll, als gäbe es hier nicht Tabletten und Fieber-
zäpfchen zu kaufen, sondern einen sicheren Platz im Him-
melreich. An mehreren Tresen hatten sich Schlangen gebildet. Ein paar Ordensschwestern standen unter den Wartenden, doch die meisten waren ganz normale Römer. Ich fragte
eine ältere Signora, ob ich es denn besser an einem anderen
Tag nochmals probieren sollte. „*Macché*, hier ist es immer so
voll", sagte sie. „Aber was bleibt mir übrig, als hier anzuste-
hen? Mein Diabetes-Mittel gibt's nur hier im Vatikan."

Ich habe mich später einmal mit einem jungen Arzt darüber unterhalten, und es scheint zu stimmen: Viele internationale Medikamente sind in Italien nicht erhältlich, obwohl sie
in einer deutschen oder französischen Apotheke zum Stan-
dardrepertoire gehören. Manchmal sind die italienischen Behörden wohl besonders vorsichtig bei der Zulassung; oft jedoch braucht die Bürokratie dafür einfach Monate oder Jahre
länger als in anderen europäischen Ländern. Der Vatikan hingegen ist an solche Regelungen nicht gebunden, und seine
Apotheke verkauft so ziemlich alles, was international gängig
ist.

Das war allerdings nicht der einzige Grund, weshalb sich
hier so viele Käufer drängelten: Die Preise waren deutlich
günstiger als draußen vor den Kirchenmauern – und das galt
nicht nur für Medizin, sondern auch für edle Kosmetikartikel.
Mein Mitleid mit der armen Diabetikerin, die hier so lange
auf ihre Medikamente warten musste, schwand, als diese
sich schließlich ausführlich über Biotherm-Augencremes in-
formierte und ein ganzes Sortiment von Lancôme-Lippenstif-
ten, Peelings und Feuchtigkeitsmasken kaufte.

Michelas Hustensaft hätte ich auch in jeder anderen römi-
schen Apotheke bekommen können, aber jetzt war es für mich
Ehrensache, ihn sozusagen beim Papst persönlich zu kaufen.
Als ich an den Schweizer Garden vorbei wieder zurück nach

Italien schlenderte, ärgerte ich mich allerdings über meine Feigheit: Ich hatte mich nicht getraut, die Apotheker zu fragen, ob sie denn auch Antibabypillen im Angebot hätten. Später fand ich die Antwort in der Vatikanzeitung *Osservatore Romano*, in einem Artikel über die Papst-Apotheke: Man verkaufe keine Produkte „gegen das Leben", erklärte der verantwortliche Pater in dem Artikel. Und er verriet auch, was der Bestseller hinter den vatikanischen Mauern sei: Hamolind, Kompressen gegen Hämorrhoiden. Gegen manches Leiden hilft offenbar alles Beten nichts.

---

**Nachhilfe im Römisch-Sein**
**Teil 4: Einen neuen Papst bekommen**

Nicht dass der Tod eines Papstes im Medienzeitalter wirklich überraschend käme. Doch in Rom können Sie sich auch auf die Kirchenglocken verlassen, die eine halbe Stunde lang läuten, sobald ein Papst gestorben ist. Wollen Sie dem Heiligen Vater die letzte Ehre erweisen? Dann schnell ab Richtung Petersdom, wenn Sie in dem Gedränge überhaupt eine Chance haben wollen! Als Johannes Paul II. aufgebahrt wurde, den die Römer liebevoll „*Il papa buono*" (den „guten Papst") nannten, nahmen schon am ersten Tag eine halbe Million Gläubige persönlich Abschied. 15 bis 20 Tage nach dem Tod eines Papstes beginnt die Neuwahl, das Konklave. Falls Sie katholisch und männlich sind, könnten Sie sich theoretisch sogar selbst zum Papst wählen lassen, ob Sie nun Priester sind oder nicht. Machen Sie sich allerdings nicht zu viele Hoffnungen: Sehr wahrscheinlich einigen sich die stimmberechtigten Kardinäle auf jemanden aus ihren Reihen. Während des Konklaves sind sie streng von der Außenwelt abgeschirmt. Sie wählen in der Sixtinischen Kapelle. Am ersten Tag findet normalerweise nur ein Wahlgang statt, danach meist insgesamt täglich vier, bei denen jeder mit verstellter, aber gut leserlicher Schrift seinen Favoriten auf einen Papierzettel schreibt. Was Sie währenddessen machen können? Draußen auf dem Petersplatz warten. Seien Sie nicht ungeduldig: Das längste Konklave der Kirchengeschichte zog sich über zwei Jahre, neun Monate und zwei Tage hin.[18] Um sich die Zeit zu vertreiben, können Sie beten, Fähnchen schwenken, aber vor allem nach Rauchzeichen spähen. Die Stimmzettel werden nämlich nach jedem Wahlgang verbrannt: Gibt's keine Einigung, landen auch nasses Stroh, Pech und heutzutage ein paar Chemikalien im Feuer, so dass draußen schwarzer Rauch aufsteigt. Weißer Rauch hingegen heißt: Wir haben eine Zweidrittelmehrheit, wir haben einen neuen Papst – *Habemus papam!* Und dann dürfen Sie laut und ausdauernd jubeln.

# Oktober – Ja, sie wollen!

*Fünfte Lektion, in der ich feststelle, dass Heiraten in Rom eine hoch komplizierte Angelegenheit ist – und dass es dabei vor allem um eines geht: essen, essen, essen.*

Es war Samstag, und die Oktobersonne schien so warm und freundlich, als wolle sie uns persönlich das Wochenende vergolden. Wir waren durch die Altstadt ins jüdische Viertel gebummelt, wo es moosbefleckte Tempelreste, kleine Stoffläden und koschere Pizza gab: Für mich war das eins der schönsten Fleckchen in Rom. Doch wir waren nicht grundlos hierher gekommen, und Daniele war plötzlich miserabler Laune. „Also, *bellezza*, bringen wir's hinter uns", sagte er griesgrämig, öffnete mir die Tür und schob mich in den Verkaufsraum von Leone Limentani. Es war ein alteingesessener Geschirr- und Kristallwarenhandel seit 1820 – und eine römische Institution für Hochzeitspaare.

Schon vor Wochen hatte ich die Einladung von Sonia und Maurizio an Danieles Kühlschrank geheftet und darüber ein Post-it geklebt: „Hochzeitsgeschenk?!?" Mit Frage- und Ausrufezeichen. Das Problem war damit offiziell an Daniele delegiert. Er hatte nämlich sämtliche Geschenkideen, die ich ihm Abend für Abend unterbreitet hatte, nur mit „Hmmmmm" und „Ich weiß nicht!" und „Da müssen wir nochmals überlegen" quittiert. „Das sind doch Freunde von uns! Willst du dir nicht Mühe geben, damit wir Ihnen etwas Besonderes schenken?", fragte ich. Daniele verzog das Gesicht. „Wir sollten uns lieber schön an die Regeln halten – und an ihre Hochzeitsliste." – „Haushaltskram! Wie langweilig", murmelte ich verstimmt. Daniele verzog das Gesicht. „Ich hab nie behauptet, dass Heiraten hier eine lustige Angelegenheit ist", sagte er.

Und nun standen wir also bei Limentani, knapp zwei Wochen vor dem großen Tag. Der Verkaufsraum war mit gediegenen Teppichen ausgelegt, ein Kronleuchter funkelte, und die prachtvoll geschmückten Tische sahen aus, als käme gleich ein römisches Adelsgeschlecht zum Dinner vorbei. Bloß passten die Gedecke auf den verschiedenen Tischen natürlich nicht zusammen: Manche Verlobte setzten offenbar auf eckige Design-Teller, andere bevorzugen klassisch weißes Porzellan mit Silberrand. Eine Verkäuferin mit toupierten Haaren führte uns zu Sonias und Maurizios Hochzeitstisch und blätterte in einem Ordner. „Ihr seid spät dran", sagte sie dann missbilligend, wie eine Lehrerin, die mit zwei nachlässigen Schülern schimpft. „Das meiste ist schon verkauft!" „Darf ich denn mal die Liste sehen?", fragte ich. Sie nickte, reichte mir den Ordner – und ich staunte nicht schlecht. Das Brautpaar wünschte sich nicht nur tiefe Teller, große Teller, kleine Teller und mittlere Teller, sondern auch Wein-, Sekt-, Likör- und Wassergläser, Espressotassen, Teetassen, Servierplatten, Schüsseln, alles für zwölf Personen, teils auch für zweimal zwölf, und immer in doppelter Ausführung, denn, so näselte die Verkäuferin: „Das erste Service ist für den Alltag gedacht, das zweite für festliche Gelegenheiten. Viele unserer Kunden suchen sich sogar noch eine dritte Geschirrlinie aus, aber das haben Ihre Freunde nicht gemacht." Bei Maurizio und Sonia standen stattdessen noch Töpfe auf der Liste und teure Le-Creuset-Pfannen, Silberbesteck, Mixer, Saftpresse, Toaster, Küchenwaage, Tortenplatten, ein Messerset, das jedem Metzger zur Ehre gereicht hätte … und so ging es weiter, Seite für Seite. Man hätte ein Restaurant damit ausstatten können, oder mindestens drei durchschnittliche deutsche Haushalte. „Was können wir denn jetzt nehmen? Irgendetwas muss doch übrig geblieben sein", fragte Daniele. Die Verkäuferin raschelte mit den Listen und räusperte sich. „Mal sehen. Wir hätten da noch ein Alessi-Pastasieb für 78 Euro, sechs Mokkatassen von Ginori oder diesen sehr schönen versilberten Serviettenhalter für 115 Euro ..." – „Wir nehmen das Pastasieb", sagte ich schnell, weil Daniele schon wieder eine verzweifelte Grimasse machte.

Zum Bezahlen wurden wir über die Straße ins Hauptgeschäft geschickt, und mir war sofort klar, warum die Hochzeitstische in einem abgetrennten Raum präsentiert wurden: Im Hauptgeschäft von Limentani ging es zu wie an der Wallstreet kurz vor Handelsschluss, und es sah aus, als hätte sich seit 1820 nicht viel geändert. Ein kleines Schaufenster ließ zwar etwas Tageslicht herein, doch die Gänge dahinter fraßen sich tief ins dunkle Gebäude und erinnerten an die Stollen eines Bergwerks. Lager- und Verkaufsräume fielen hier offenbar zusammen. Die Holzregale waren bis oben hin mit Küchenutensilien voll gestopft, eine riesige Auswahl – aber auch ein unbeschreibliches Chaos. Wenn sich Brautpaare ans Zusammenstellen ihrer Listen wagten, assistierte ihnen deshalb ein geschniegelter Jüngling mit Notizblock: Der wusste, welcher Schatz sich in welchem Regalfach verbarg, und er konnte sich vor allem psychologisch um die beiden Schwiegermütter kümmern. Die ließen die Brautleute schließlich nicht alleine über ihren Hausstand entscheiden, wo kämen wir denn da hin! *No, Signora*, Royal Copenhagen ist keine italienische Marke", hörte ich einen der Jünglinge flöten. „Doch, *Signora*, natürlich gibt es später eine Nachkauf-Garantie. Dafür stehen wir mit unserem guten Namen!"

„Bitte lass uns fliehen", sagte Daniele, der sich inzwischen bis zur Kasse durchgekämpft und bezahlt hatte. Das Design-Nudelsieb hatten wir kein einziges Mal zu sehen bekommen. Mit einem kleinen Glückwunschkärtchen versehen, würde es nach den Flitterwochen direkt in Sonias und Maurizios nagel-neue gemeinsame Wohnung geliefert. Ich hoffte, dass die bei-den mindestens drei Extra-Räume für die Lagerung ihrer Kü-chenutensilien eingeplant hatten. Aber sie wussten sicher, was sie taten: Es waren schließlich Römer.

„Ist das nicht Wahnsinn, so eine gigantische Hochzeitsliste?", sinnierte ich nachmittags in unserer spartanisch ausgestatte-ten WG-Küche, während ich für Michela und mich einen Hi-biskustee aufbrühte. Sie hatte sich angeblich den Magen ver-dorben; normalerweise rührte sie Tee nicht an. „Wer schenkt den Brautpaaren bloß das ganze Zeug? Und nur feinste Mar-ken, etwas anderes gab es gar nicht … Das muss doch irre teuer sein." Michela rollte mit den Augen: „Natürlich ist es teuer. *La famiglia* lässt sich eben nicht lumpen: Tanten, Onkel und Cousins bis zum zweiten Grade – da kommt einiges zu-sammen. Letztlich ist es so eine Art Tauschhandel, weil die El-tern von Braut und Bräutigam schließlich enorme Ausgaben haben. Eine Freundin von mir – Giulia, die kleine Brünette, erinnerst du dich? – hat letztes Jahr geheiratet, da hab ich alles mitgekriegt. Ein schönes Hochzeitskleid? Kostet locker 2000 oder 3000 Euro. Fotografen-Service: ab 1000 Euro aufwärts. Dann die Limousine. Eine großzügige Spende für die Kirche. Ein Tausender für die Blumen. Der Friseur. Und für das Fest-mahl bezahlt man locker 80 bis 100 Euro pro Gast, wenn man's nicht ganz bescheiden hält. Da kannst du ja ausrech-nen, wie viel bei einer großen Gesellschaft zusammenkommt." Ich hatte mir bis dahin noch nie Gedanken über die Kosten einer Hochzeit gemacht – und so war ich ehrlich baff. „Man-che Deutschen heiraten auch mit großem Aufwand", sagte ich, „aber man kann genauso gut in einem Gemeindezentrum oder abends in einer schönen Kneipe feiern, oder man macht ein Sommer-Gartenfest und grillt", sagte ich. Michela lachte ungläubig. „Wirklich? Eine Grillparty? Ihr Nordländer seid einfach unglaublich!" Dann fügte sie ernster hinzu: „Hier wird natürlich auch viel Aufwand betrieben, weil die Familien bloß nicht geizig wirken wollen. *Nessuno vuole fare brutta figura*, niemand will schlecht dastehen. Dann spart man lieber jahrelang oder nimmt einen Kredit auf, als dass man ..."

Was Michela sonst noch über römische Hochzeiten sagen wollte, habe ich nie erfahren. Sie wurde unterbrochen – von einem ohrenbetäubenden Knall. Wir sahen uns an und stürzten Richtung Flur, aus dem der Lärm gekommen war. Und da stand Martino, kreidebleich, vor seinen Füßen ein Schutthaufen, Dreck, überall rostbraunes Wasser, und er deutete über seinen Kopf und stotterte: „Da! Da! Da ist ... ist ..." – „Da ist ein Stück von der Decke runtergekommen!", brüllte Michela. „Das darf doch nicht wahr sein! Bist du o.k., Martino? Hast du etwas abgekriegt?" Martino nickte, schüttelte zugleich den Kopf und schien völlig unter Schock zu stehen. „Komm, setz dich hin. Ich mach' dir einen Tee", sagte ich und schob ihn in die Küche. „Grappa!", krächzte Martino, und wiegte weiterhin den dunklen Lockenkopf hin und her wie ein durchgeknallter Braunbär. Womöglich hatte ihn doch ein Stück von der Decke getroffen, dachte ich.

Michela war ins Treppenhaus gestürmt und kam nach einigen Minuten wutschnaubend zurück. „Natürlich sind die Idioten vom ‚Stargate' über uns schuld", zischte sie. „Da haben sich wohl schon seit längerem Gäste über ein Leck im Gemeinschaftsbad beschwert. Aber wen kümmert es? Niemanden! Dabei steckte offenbar ein Rohrbruch dahinter, und das Wasser hat sich so lange zwischen deren Fußboden und unserer Decke gestaut, bis es zu schwer war und – wummms! – nach unten gekracht ist." „Es hätte mich fast getroffen", flüsterte Martino. „Ich wollte nur zur Toilette, stattdessen hätte ich tot sein können!"

Den Rest des Nachmittags verbrachten Michela und ich damit, den herabgebrochenen Schutt in Mülltüten zu verpacken und literweise Dreckwasser aufzuputzen, das inzwischen bis in mein Zimmer zu schwappen drohte. Das Loch in der Decke war beachtlich, schwarz und unheimlich. Ich hoffte inständig, dass nicht noch Ratten oder Kakerlaken oder andere widerliche Viecher aus ihm herauspurzeln würden. Vielleicht sollte ich heute Nacht vorsichtshalber bei Daniele schlafen? Immerhin war der Fußboden vom „Stargate" noch intakt, so dass keine pickligen Engländer auf Klassenfahrt zu uns nach unten in die Wohnung starren konnten. „Simona muss Herrn Ravanelli anrufen und sich beschweren", sagte Michela düster. „Hoffentlich kümmert der sich schnell, bevor seine Bude über uns zusammenbricht."

Allem Pessimismus zum Trotz dauerte es nur wenige Tage, bis morgens ein rundlicher Schnurrbartträger bei uns im Flur stand. Ravanelli – vollkommen unverhofft. Martino war schon in der Universität, Michela und Simona beim Arbeiten, und ich hatte mir gerade aus der Küche einen Saft geholt, als ich plötzlich auf diesen Fremden stieß und vor Schreck fast das Glas fallen gelassen hätte. „*Signorina, mi scusi*, entschuldigen Sie, ich wollte sie nicht ängstigen! Ich dachte nicht, dass jemand zu Hause sei!", rief der Schnurrbartträger. Und als er erkannte, dass er es offenbar mit seiner deutschen Untermieterin zu tun hatte, stellte er um auf das, was der Römer gemeinhin für ausländerfreundliches Italienisch hält. „*Io* ... Ravanelli! *Pa-dro-ne di ca-sa!*", rief er Silbe für Silbe, „Haus-be-sit-zer!" – als sei ich nicht deutsch, sondern taub. „Ich verstehe Sie schon, Signor Ravanelli", antwortete ich matt. „Sie sind sicher gekommen, um sich das Loch in unserer Decke anzuschauen. Bitte – da oben ist es!" „Aber Sie sprechen ja großartig Italienisch! Das hatte mir Simona gar nicht erzählt!", sagte Ravanelli entzückt. Dann musterte er kurz die ramponierte

Decke. Und dann bestand er auf einem gemeinsamen Tässchen Kaffee.

Fremdsprachenkenntnissen zollen die Römer meist ungeheuren Respekt. Auch wenn seit Jahrzehnten sämtliche Schulen Englisch unterrichten, beherrschen es die wenigsten Erwachsenen gut genug, um auch nur einen Small-Talk übers Wetter zu führen. Seit Kurzem gibt es deshalb einen Boom privater Sprachinstitute, mancher Römer drückt abends wieder die Schulbank. Zeitungen und Zeitschriften wetteifern darin, DVDs und Bücher mitzuverkaufen, mit denen man angeblich „Englisch im Schlaf" oder „fließend Französisch in zwei Wochen" lernt. Und wenn Familien etwas auf sich halten, schicken sie ihre Kinder nachmittags in Sprachförderkurse.

Ravanelli hatte ohne Umstände die Caffettiera aus unserem Küchenschrank gekramt, mit Espressopulver und Wasser befüllt und auf den Gasherd gestellt, wo sie bald schon blubberte. Es bereitete mir ein wenig Unbehagen, mit welcher Selbstverständlichkeit der Vermieter in unserer Küche und in der Wohnung agierte. Schließlich lebte weder er hier, noch seine verstorbene Tante Margherita, Gott hab sie selig, von der er nun voller Zuneigung erzählte. Aber eigentlich war Ravanelli ganz sympathisch. Als ich beteuerte, wie gut es mir in Rom gefiel und wie gerne ich hier bisher wohnte, war er richtiggehend gerührt. „Ja, ja, die Ewige Stadt! Leicht macht sie's uns nicht – aber ich könnte nirgendwo anders leben!", seufzte er voller Inbrunst. „Es tut mir wirklich leid, *Signorina*, dass Sie jetzt solche Unannehmlichkeiten in Ihrer Unterkunft vorfinden! So etwas wäre in Deutschland sicher nicht passiert!" – „Dann werden Sie die Decke also sofort reparieren lassen?", fragte ich hoffnungsvoll. „Nun ja", sagte Ravanelli und räusperte sich. „Wir müssen sehen. Ich werde zunächst mit den Herren aus dem vierten Stock sprechen. Schließlich trägt das

‚Stargate' die Schuld an diesem bedauerlichen Zwischenfall, und dann sollte es auch für die Reparatur sorgen."

Und so blieb das Loch – natürlich. In den ersten Tagen spurteten wir unter ihm hindurch zum Bad, aus Angst, dass weitere Gipsbrocken herunterbrechen könnten. Aber irgendwann gewöhnten wir uns an den schwarzen Krater und sahen einfach über ihn hinweg. Martino begann sogar, dem Unfall positive Seiten abzugewinnen: „Ich konnte meine Nahtoderfahrung literarisch verarbeiten", vertraute er mir an. „Fiorella sagt, das sei eine meiner bewegendsten Kurzgeschichten überhaupt."

An einem bewölkten Samstagmorgen heirateten schließlich Sonia und Maurizio. Ich trug ein bordeauxrotes kurzes Kleid, das leider in der Bauchgegend etwas kniff, ansonsten aber ganz ansehnlich war. Und Daniele hatte, entgegen seiner sonstigen Gewohnheiten, einen Anzug, Hemd und Krawatte angezogen. Ich pfiff anerkennend, als er damit aus seinem Zimmer kam. „Daran könnte ich mich gewöhnen!", sagte ich. „Tu's lieber nicht", antwortete Daniele. Immerhin hatte er zur Feier des Tages das Auto seines Vaters geliehen, so dass wir nicht im rostigen Renault 4 zur Kirche fahren mussten. Sonia und Maurizio heirateten, wie es bei Römern sehr beliebt ist, außerhalb der Stadt in den Albaner Bergen. „Die Kirche wird dir gefallen", sagte Daniele im Auto. „Klein, schmuck, ausgesprochen romantisch ... Sonia und Maurizio haben schon vor einem Jahr ihre Hochzeitsmesse reserviert und trotzdem nur einen Termin im Oktober bekommen." – „Vor einem Jahr?", ächzte ich. Daniele nickte. „Mehr als ein Jahr Vorlauf geht in Rom gar nicht mehr, das hat die Kirche so festgelegt." Offenbar hatten manche römische Paare vorher sogar zwei oder drei Jahre im Voraus ihr Wunschdatum gebucht. Ich rätselte, welche Kirchen wohl besonders gefragt waren. Rom bot ja eine unglaubliche Auswahl, von pompösen Basiliken bis hin zu entzückenden kleinen Kapellen. „Frag nachher mal Terry oder Deborah, die kennen sich mit Hochzeitskram besser aus als ich", sagte Daniele. „Aber ich weiß, dass die Pärchen bei einigen Kirchen sogar vor dem Eingangstor übernachten, um bloß weit vorn in der Schlange zu stehen, wenn man wieder Hochzeitsmessen reservieren kann." „Die spinnen, die Römer", sagte ich halb amüsiert, halb entsetzt. „Wahrscheinlich verkracht sich die Hälfte aller Pärchen vor lauter Stress. Schade, dass es darüber keine Statistik gibt!"

Sonia und Maurizio hatten es in jedem Fall bis zum Altar geschafft, und alles war perfekt: Girlanden aus weißen Lilien umrankten die Kirchenbänke, das Brautpaar verschwand fast im Blumenmeer. Und eine Profi-Sopranistin sang so glockenklar und inbrünstig das „Ave Maria", dass spätestens jetzt auch die griesgrämigste Tante ihr Spitzentaschentuch zückte. Ein wenig störte das Fotografen- und Filmteam, das das Brautpaar mit mehreren Kameras umkreiste und offenbar fest entschlossen war, jede Sekunde der Trauung aus drei Perspektiven zu dokumentieren. Und mir fiel auf, dass Sonia und Maurizio kaum lächelten und sich nach dem entscheidenden Jawort nur flüchtig küssten. Ganz offensichtlich standen sie unter unendlicher Anspannung. Die löste sich erst, als die beiden schließlich nach dem Gottesdienst händchenhaltend vor die Kirche traten, wo die Gästemeute wartete. *Evvivano gli sposi!*[19]-Gebrüll. Reisregen. Überall hochgereckte Knips-Handys. Und endlich strahlte Sonia und warf Küsschen in die Menge, und Maurizio liefen die Tränen herunter, denn ein wahrer Italiener schämt sich nicht für große Gefühle, man kennt das ja vom Fußball.

„Schöner Gottesdienst. Und gar nicht so lange", sagte Paolo, und ich war mir nicht sicher, wegen welchem der beiden Gründe er so anerkennend klang. Wir standen mit dem üblichen Samstagabendgrüppchen etwas abseits vom Pulk.

Einige hätte ich fast nicht erkannt: Die Männer trugen perfekt sitzende Anzüge, die Frauen Hochhackiges und tief Dekolletiertes, ganz anders als sonst, beim üblichen Pizzeriabesuch. „Ich freu mich so für Sonia, dass letztlich mit der Trauung alles geklappt hat", seufzte Terry. „Habt Ihr das Drama mitgekriegt? Sie hatte als Jugendliche die Firmung übersprungen, und der Pfarrer bestand darauf, dass sie die jetzt vor der Hochzeit nachholen musste, samt vorbereitenden Katechismusstunden. Und dann musste sie natürlich mit Maurizio noch monatelang in den Ehe-Kurs ihrer Gemeinde ..." „Ist das Pflicht hier, wenn man kirchlich heiraten will?", fragte ich. Terry zog eine Grimasse. „Absolut. So nahe dran am Vatikan sind die Priester sehr gründlich." „Aber man kann auch im Standesamt heiraten, oder?" Terry nickte. „Paolo und ich würden das auf alle Fälle machen, wenn wir irgendwann ... sobald wir ..." Dann wurde sie rot, und alle lachten. Schließlich sprang Stefano für sie ein, wie immer ein echter Gentleman. „Erst kürzlich stand in der *Repubblica*, dass inzwischen jede dritte Hochzeit in Rom standesamtlich ist", berichtete er. An mich gewandt erklärte er dann, was die anderen natürlich wussten: „Man kann dazu aufs Kapitol gehen, da gibt's ziemlich schicke Säle im Konservatorenpalast. Und bei den Caracalla-Thermen kann man in einer entweihten Kapelle standesamtlich heiraten. Eigentlich typisch: So ein bisschen Kirchenflair wollen die meisten eben doch."[20]

Nach Gratulationen und unendlich vielen Küsschen fuhren wir im Autocorso zum Festessen – natürlich laut und ausdauernd hupend. Das macht der Römer ja schon im Berufsverkehr sehr gerne, obwohl's auf dem Grande Raccordo[21] gewiss nichts zu feiern gibt. Das Restaurant, das Sonia und Maurizio sich ausgesucht hatten, hieß „Paradiso Terrestre", „Irdisches Paradies". Es lag im Grünen in der Nähe von der Appia Antica, und im Garten flanierten bereits die ersten

Gäste mit Aperitif-Gläsern. Ein Springbrunnen plätscherte, livrierte Kellner eilten hin und her – nur vom Brautpaar war keine Spur. Zehn Minuten vergingen, zwanzig, eine halbe Stunde. Nichts. „Sind die beiden durchgebrannt?", fragte ich. „Ach was", sagte Deborah, „die machen ihre Fotos."

Das hätte ich mir auch denken können: Keinem Romtouristen entgeht, mit welchem Trara sich die einheimischen Hochzeitspärchen in Szene setzen lassen. Zu den beliebtesten Romantikkulissen gehören das Kolosseum und der Orangengarten auf dem Aventin; und wer als Tourist samstags die Stufen vom Forum Romanum zum Kapitol hinaufklimmt, stolpert fast unweigerlich mitten in ein Fotoshooting. „Pleeeaaase, you not pass here!", brüllt dann ein gestikulierender Foto-Assistent. „Wir müssen uns beeilen! Das Restaurant serviert um halb eins den ersten Gang!", fleht die Trauzeugin. „Giuliana! Den Kopf zur Seite, und deinem Marco tief in die Augen sehen!", kommandiert der Fotograf. Und Braut und Bräutigam küssen und flirten, lehnen lasziv an Laternenpfählen und lassen sich auf Treppenstufen drapieren; *Sie* zieht *Ihm* neckisch an der Krawatte, *Er* kniet nieder und hält ihre Hand, knipsknipsknips, dann Positionswechsel. Die Uhr tickt, der Hochzeitstag ist straff durchgeplant, und dennoch müssen die beiden unbeschwert und glücklich wirken: Schließlich hat die Braut von diesem Fotowahnsinn geträumt, seit sie ein kleines Mädchen war, und der Bräutigam hat längst eingesehen, dass er besser mitmacht, wenn seine Ehe Bestand haben soll. Und überhaupt sollen diese Fotos später sämtliche Freunde und Verwandte beeindrucken, und die Enkelkinder sollen irgendwann hauchen: „*Nonna*, warst du schön!"

Im Irdischen Paradies wurden derweil Canapés und Blätterteighäppchen gereicht; und ich stolperte in eine der Zwergpalmen, die dekorativ, aber stachelig am Rande des geschwungenen Kieswegs gepflanzt waren. „Zu viel Prosecco?", grinste

Paolo. „Nein, zu viel Dusseligkeit! Spätestens nach drei Stunden hole ich mir immer eine Laufmasche", seufzte ich. Grazilen Italienerinnen passiert so etwas wahrscheinlich nicht – aber als gut organisierte Deutsche hatte ich immerhin Ersatz-Nylons in der Handtasche. „Ich gehe mich schnell umziehen", flüsterte ich Daniele zu und floh Richtung Toilette. Dort ging es hoch her: Blumenmädchen rannten hin und her und spielten Verstecken. Zwei alte Damen diskutierten, ob Silvios Jüngster nun extra von Mailand aus hätte anreisen müssen oder nicht. Und vor einem großen Spiegel stand endlich unsere Braut, unverkennbar in Weiß, und kramte in ihrem Täschchen. „Ciao Sonia!", rief ich. „Wo hast du denn deinen Ehemann gelassen? Suchst du etwas, kann ich dir helfen?" Die Braut drehte sich um, sah mich stirnrunzelnd an und sagte: „Du bist die neue Freundin von Roberto, oder?" „Äh, nein, bin ich nicht!", stotterte ich. „Ich hab dich verwechselt! Entschuldige – und Glückwunsch natürlich!" Das war nicht Sonia, sondern eine Fremde. Und kurz darauf sah ich noch eine Braut. Und dann noch eine weitere. Offenbar war das Paradiso Terrestre eins der in Rom typischen Hochzeitslokale, in dem mehrere Feiern gleichzeitig stattfanden – an jenem Tag gab es offenbar vier Feiern in vier verschiedenen Gebäudetrakten. Die Toilette war der Schnittpunkt, wo Gäste und Brautleute sich mischten. Ich fragte mich insgeheim, wie oft angeschickerte Onkel versehentlich im falschen Festsaal weiterfeierten, und ich beglückwünschte die Römer dazu, dass bei ihnen die Unsitte der „Brautentführung" nicht verbreitet war: In Multi-Hochzeitsrestaurants wie diesem hätten die Entführer sonst sicher oft die falsche Braut erwischt und für Familienfehden bis ins siebte Glied gesorgt.

Irgendwann waren Sonia und Maurizio mit roten Wangen von ihrem Fototermin zurückgekommen, und so saßen wir schließlich glücklich um pompös geschmückte Tische, gestärkte Leinenservietten auf den Knien, bereits den dritten Antipasti-Gang auf den Tellern. Das Brautpaar saß an einem separaten Ehrentisch am Ende des Festsaals, nebeneinander, wie die Vorsitzenden einer Aktionärsversammlung. So sahen die beiden alle Gäste – und alle Gäste hatten einen guten Blick auf sie. Das war wichtig, denn regelmäßig sprang ein Cousin oder ein Onkel auf und rief *„Evvivano gli Sposi*, das Brautpaar lebe hoch!" Und dann klatschten alle und forderten im Sprechchor *baci, baci,* Küsse, Küsse, bis das Brautpaar den johlenden Gästen nachgab. Bisher war das die einzige Unterbrechung vom Essen.

Immerhin hatte ich endlich Zeit, Sonias Kleid genauer zu studieren. Es war wunderschön – und alles andere hätte mich beim römischen Modesinn auch überrascht. Zarte Blumenstickereien schmückten die perfekt sitzende Korsage. Der Rock fiel weich, weit und endete in einer Schleppe. Und Sonias dunkle Locken waren zu einer komplizierten Flechtfrisur verwoben. Terry hatte mir erzählt, dass sich das Brautkleid-auf-den-Leib-Schneidern meist über Monate hinzog und dass auch drei bis vier Probesitzungen beim Friseur unabdinglich waren, bevor eine Braut sich vor den Altar zu treten traute; jetzt wusste ich, warum.

„Risotto mit Scampi-Creme, Signorina?" „Gern!", strahlte ich den Kellner an. Alles war so köstlich! Warum winkte Deborah bloß ab, und selbst Daniele und Paolo ließen sich nur einen kleinen Klecks auf den Teller schöpfen? „Stimmt etwas nicht, hast du dir den Magen verdorben?", raunte ich Daniele zu. „Man braucht bei einem Hochzeitsmahl eine Strategie!", flüsterte der zurück. „Schau dir doch das Menü an: Zwölf Gänge! Kein Mensch kann das alles essen! Ich will mich nachher auf die Tagliolini mit Steinpilzsauce konzentrieren. Und für das Seebarschfilet mit Garnelengratin Platz haben. Und natürlich auch für ..."

Daniele hatte recht, das merkte ich, als immer und immer wieder die Kellner vorbeikamen. Orecchiette-Nudeln mit Spargelspitzen: Das eh schon eng sitzende Kleid begann ernsthaft zu kneifen. Kalbsmedaillons mit Trüffelsauce: Puh, bitte nur ein winziges Stück! Salat dazu, Signorina? Ein paar feine Backofenkartöffelchen? „Komm, komm, du hältst dich wacker!", feuerte mich Terry an. „Ich kann aber nicht mehr! Ich kann nicht mehr essen!", stöhnte ich. „Gibt es denn gar keine Pause? Wann hält denn der Brautvater seine Rede? Sagt keine Tante ein Schüttelreimgedicht auf? Gibt's keine Hochzeitsspiele?" Mir wäre im Moment alles recht gewesen, wenn bloß der Kellner eine Weile lang weg geblieben wäre. „Was spielt ihr denn auf einer Hochzeit?", fragte Paolo erstaunt.

Und so stellte sich heraus, dass es auf der durchschnittlichen römischen Hochzeit wirklich nur darum ging, zu essen, zu essen und zu essen. Ziel jedes Gastes war, halbwegs würdevoll bis zur Torte durchzuhalten. Anschließend konnte man getrost nach Hause fahren. Es gab normalerweise keinen Tanz und keine ausgelassene Party; auch keine Freunde, die „Marmor, Stein und Eisen bricht" umdichten, um so die Jugendsünden des Brautpaars publik zu machen. Als ich von Kreativ-Gästebüchern und Babybilder-Diashows berichtete, seufzten die Frauen noch entzückt. Dann erzählte ich aber auch von den unvermeidlichen Hochzeitsspielen, und alle brüllten derart laut vor Lachen, dass Maurizios Verwandtschaft vom Nebentisch missbilligend zu uns herüberschielte. „Die Braut muss ...", japste Stefano, „... mit verbundenen Augen die haarigen Unterschenkel ihrer Gäste abtasten?" „Um ihren Ehemann zu erkennen, genau!", sagte ich. Daniele wischte sich Tränen aus den Augen. „Versprichst du mir, dass du mich bald mal zu einer deutschen Hochzeit mitnimmst?", fragte er. „Nur wenn du brav bist und deinen Teller leer isst!", sagte ich grinsend. „Schau, da kommt der nächste Gang."

Schließlich hatten wir es doch bis zur Hochzeitstorte geschafft, die dreistöckig und mit zartgelben Rosen verziert war. Zusammen mit Espresso und Verdauungslikören wurde sie draußen in einem kleinen Innenhof serviert. Alle waren wohl froh, sich nach dem stundenlangen Gelage wieder die Beine zu vertreten. Und für die Betreiber des Irdischen Paradieses hatte dies einen erfreulichen Nebeneffekt: Kein Gast würde sich festquatschen und zu lange im Festsaal sitzen bleiben. Es war inzwischen später Nachmittag, und bald würden die Abendgesellschaften ankommen, würden vier weitere Brautpaare mit ihren Gästen das Komplettprogramm vom Aperitif bis zum zwölften Gang durchlaufen. Wir prosteten uns mit Averna zu, auch wenn ich bezweifelte, dass sich derart vollgefressene Mägen von sizilianischen Kräuterschnäpsen beeindrucken ließen. Zum Schluss wurden natürlich noch wir armen Unverheirateten in einer Reihe aufgestellt, damit Sonia ihren Brautstrauß werfen konnte – und zwar schwungvoll einer Cousine an den Kopf. Die hatte danach eine Schramme im Gesicht, aber sie jubelte, als könne sie es gar nicht abwarten, endlich auch zu heiraten. Allerdings war sie erst 16. „Ist doch perfekt, dann hat sie genug Zeit für die Planung", sagte Daniele sarkastisch.

Zum Abendessen kochte er uns später an diesem Tag zwei winzige Schälchen mit *riso in bianco*, weißem Reis ohne alles: Darauf schwor er nach Magen-Darm-Infekten, und offensichtlich auch nach Hochzeiten. Später lagen wir dann zufrieden aneinandergekuschelt im Bett. „Und, hast du dich sehr gelangweilt?", fragte Daniele. „Kein Stück!", behauptete ich, obwohl ich mir eingestehen musste, dass sich das Mahl zwischen Gang sieben und zehn doch ziemlich in die Länge gezogen hatte. „Willst du eigentlich irgendwann auch mal heiraten? Rein prinzipiell?", fragte ich. Er schaute mir in die Augen. „Irgendwann. Die Richtige. Was ist mit dir?" „Irgendwann. Den Richtigen", sagte ich. Wir lächelten uns an und küssten uns. Und dann wünschten wir uns betont unbekümmert eine gute Nacht, damit hier bloß keiner auf merkwürdige Ideen käme.

---

### Nachhilfe im Römisch-Sein
### Teil 5: Eine *bomboniera* bestücken

Falls Sie jemals beabsichtigen, eine römische Hochzeit auszurichten, seien Sie gewarnt: Ob Sie wirklich eine *bella figura* gemacht haben, entscheidet sich erst beim Abschied, wenn Sie Ihre Gastgeschenke überreichen.

Sobald Italiener feiern, dürfen *confetti*, also aufwendig verpackte Zuckermandeln, nicht fehlen. Bei Taufen, Kommunion und runden Geburtstagen hüllen Sie diese in Tüll und stecken sie dann in blümchenverzierte Säckchen – immer in ungerader Zahl, weil alles andere Unglück bringt.[22] Mandelsäckchen schenken Sie neben Freunden und Verwandten auch allen Nachbarn, dem Portier, Ihrem Gemüsehändler ... und wahrscheinlich erwartet selbst die Grundschullehrerin Ihrer Neffen eins, also seien Sie bloß nicht geizig, wenn Ihnen am Zeugnis der Kleinen etwas liegt.

Bei Ihrer Hochzeit reicht all das nicht aus: Zum Abschluss der Feier erwarten Gäste eine *bomboniera*, also eine filigrane Geschenkschachtel, die neben Zuckermandeln noch ein Erinnerungsstück enthält. Schließlich soll auch in Zukunft niemand Ihren großen Tag vergessen, nicht wahr? Das Aussuchen der Bomboniera ist der römischen Braut fast so wichtig wie die Suche nach dem perfekten Kleid. Als Gastgeschenke eignen sich sämtliche *oggettini* („Objektchen"), die künftig das Abstauben erschweren, also Kristallglöckchen, Tellerchen aus Capodimonte-Porzellan, versilberte Hündchen oder Ähnliches. Vergessen Sie nordeuropäische Schlichtheit, haben Sie Mut zum Kitsch! Ihre Gäste werden es Ihnen danken – und beim nächsten Fest versuchen, Sie mit einer noch aufwendigeren Bomboniera zu übertrumpfen.

# November – Absurdistans Hauptstadt

*Sechste Lektion, in der ich sehr lange Schlange stehe und merke, dass niemand so bürokratisch ist wie ein echter Römer.*

SELBST IN ROM SPRICHT WENIG DAFÜR, sich auf den November zu freuen: Nassgrau wie ein regenfeuchter Mops liegt er zwischen der letzten Oktobersonne und dem Vorweihnachtsspektakel, wenn die Innenstadt zu glitzern beginnt und überall Holzkohlefeuer von Maroniverkäufern duften. Der November ist in Rom genauso unerfreulich wie im Rest Europas – und doch hatte ich gute Gründe, den Monatswechsel herbeizusehnen. „Endlich, Simona! Weißt du, was heute ist? Heute ist der erste November!", verkündete ich beschwingt, als ich morgens in die Küche kam. Simona sah verschlafen von ihrer Tasse hoch. Sie frühstückte – was in Rom so als Frühstück gilt. Ich habe ja absolut nichts gegen ein warmes Cornetto in einer Bar, das in ein weiches Cappuccino-Milchschaumhütchen getaucht wird, ganz und gar nicht, ausgesprochen köstlich! Aber ich war noch nicht römisch genug, um das hausgemachte Frühstück der Einheimischen zu schätzen: Es besteht aus lauwarmer Milch, in die dann Espresso hineingerührt wird, möglicherweise auch vom Vortag. Dann kippen sie Kekse in die Tasse und warten, bis diese sich in unappetitliche Brocken aufgelöst haben. Und zum Schluss löffeln sie das Ganze, ohne eine Miene zu verziehen, als wäre es eine Art Zucker-Kaffee-Müsli.[23]

„Was bist du am frühen Morgen denn schon so gut gelaunt", stöhnte Simona. „Schön, jetzt ist November. Vor allem ist Samstag. Ich hätte gerne ausgeschlafen, aber im ‚Stargate‘-Zimmer über mir wohnen hyperaktive Französinnen, die seit sieben von ihren Stockbetten hüpfen und kreischen, dass bei mir die Lampe wackelt." So etwas passierte jetzt leider sehr regelmäßig, denn in Rom war gerade Klassenreisen-Hochsaison. „Merkst du denn nicht, was seit heute Morgen anders ist?", fragte ich nochmals, ohne auf Simonas Klagen einzugehen. „Die Heizung ist endlich angesprungen, pünktlich zum Ersten – genau, wie ihr es mir schon vor Wochen versprochen hattet!"

Noch Ende August hatte ich mir nichts mehr gewünscht als Abkühlung. Doch inzwischen war der Steinfußboden meines Zimmers so kalt, dass ich eine Gänsehaut bekam, wenn ich ihn versehentlich barfuß betrat. Trotz aller Sonne bei Tag waren im Oktober die Temperaturen empfindlich gesunken, und die Wohnungen in Rom sind nicht für den Winter gebaut. Erst hatte ich es mit dicken Wollsocken probiert, dann hatte ich mit zwei Fliespullovern in meinem Zimmer gesessen; und natürlich hatte ich auch versucht, an meiner Heizung herumzudrehen, aber das Ding wurde einfach nicht wärmer. Oder war ich zu blöd, einen italienischen Heizkörper zu bedienen? Martino traute ich bei technischen Fragen nicht, seit er unseren Toaster reparieren wollte und stattdessen einen Kurzschluss ausgelöst hatte. Also klopfte ich an Michelas und Simonas Zimmertür – und die beiden erklärten, dass bis November nicht geheizt werden könne. „In ganz Rom nicht, das ist gesetzlich festgelegt, um Energie zu sparen. Oder wegen des Smogs? Ehrlich gesagt weiß ich den Grund nicht genau", sagte Michela. „Ich glaube, das Gesetz stammt noch aus der Ölkrisenzeit in den 7oern", behauptete Simona. „Wie auch immer: Trink Tee und oder zieh’ noch einen Pulli an, wenn dir kalt ist, das ist das Einzige, was bis November hilft!"

Es klingt absurd, weil man immer an Dolce Vita und südländische Spontaneität glauben will – aber Italien ist eines der bürokratischsten Länder der Welt. Die Heizregelung war nur ein winziges Beispiel. Um eine Mensakarte zu beantragen, hatte ich mehrere Tage gebraucht. Die Nationalbibliothek machte mich wahnsinnig, weil ich dort keine Bücher ausleihen durfte, aber für jede einzelne (!) Kopie ein Formular ausfüllen und von einer übellaunigen Lesesaalaufsicht abzeichnen lassen musste. Und bis ich mich bei der örtlichen Gesundheitsbehörde registriert hatte, war ich fest entschlossen, niemals in Rom krank zu werden, um bloß nicht wieder mit unverständlichen Formblättern gequält zu werden.

Das waren natürlich alles Kinkerlitzchen. Aber ich wunderte mich nicht, wenn *Repubblica* oder *Corriere della Sera* wieder einmal in dicken Schlagzeilen berichteten, wie sehr die Bürokratie das ganze Land im Würgegriff halte. Internationale Ranglisten sind seit Jahren blamabel: Laut einer aktuellen Studie des Weltwirtschaftsforums etwa steht Italien beim Behördenwahnsinn[24] weltweit auf Platz 130, unter anderem hinter Russland, Mexiko und Simbabwe. „Verschwendung staatlicher Gelder": Platz 128. „Vetternwirtschaft von Staatsangestellten": Platz 91. Unter uns gesagt, hatte Italien ja noch Glück, dass einige Kategorien gar nicht untersucht wurden. „Schalterschlangen ignorieren und privat am Handy plaudern" etwa: Das hatte ich im Einwohnermeldeamt beobachtet, als ich einmal eine Bescheinigung für Daniele abholen wollte. Die üppige Beamtin plapperte mit einer Freundin am Telefon, nagte nebenbei an einem Schinkenbrötchen und verstand es meisterlich, die aufgebracht Gestikulierenden in ihrer Warteschlange zu übersehen.

Nach diesem Vorfall wunderte ich mich nicht mehr darüber, dass in Rom jeder Staatsdiener als ausgesprochener Glückspilz galt,[25] wie anderswo vielleicht ein Lottogewinner oder der Verlobte eines reichen, wohlproportionierten Zahnarzttöchterchens. 3,5 Millionen Italiener arbeiten im öffentlichen Dienst, und keiner von ihnen, ob Hausmeister, Friedhofsgärtner oder Ministerialbeamter, wird wohl jemals wieder kündigen: Ihre Jobs sind sicher, die Pensionen vergleichsweise hoch und die Öffnungszeit von Behörden liegt oft bequem bei 8 bis 14 Uhr. Da bleibt nachmittags sogar Zeit, um noch einer richtigen Arbeit nachzugehen, zum Beispiel im Eisenwarenhandel des Schwagers.

Ich wollte keinen Job im italienischen Staatsdienst – ich wollte einfach nur nicht dauernd frieren. Aber wärmende Heizungen zu finden war leider auch im November nicht so einfach, wie ich mir das erhofft hatte. „Ich muss mir irgendeinen Infekt eingefangen haben: Mir ist schon wieder total kalt!", klagte ich abends. Wir waren in der Via Todi, hatten es uns gerade vor dem Fernseher gemütlich gemacht, und Daniele versuchte wieder einmal, mich für einen römischen Filmklassiker zu begeistern. Breiten Romanesco-Dialekt verstand ich zwar immer noch kaum, aber ich hatte trotzdem zugestimmt, denn nach dem Abendessen zuvor war ich einfach nur träge und zufrieden gewesen: Wir hatten beim „Quagliaro" gegessen, einer winzigen Stadtrand-Trattoria, in der eine schnurrbärtige Alte und ihr hinkender Bruder das Regiment führten. Sie brieten Wachteln im Holzofen kross und servierten sie dann zu Preisen, die selbst zu den Zeiten unseres Schwarzweiß-Streifens bescheiden gewesen wären. Kein Wunder, dass wir lange für einen Tisch hatten anstehen müssen. Oder waren all die Wachtelfreunde nur scharf darauf gewesen, aus ihren unterkühlten Wohnungen zu kommen? Ich rappelte mich vom Sofa auf, um die Heizkörper zu überprüfen: „Kalt ... kalt ... und der hier auch: eiskalt! Ich dachte, ab November darf man endlich heizen, wie man will!" – „Aber jetzt ist doch später Abend!", sagte Daniele, als ob das ein guter Grund fürs Frieren wäre. „Schau, *bellezza*, die Heizungen in den meisten Wohnhäusern laufen entweder bei allen – oder bei keinem. Also stellen die Bewohner zusätzlich zum Heizgesetz noch eigene Regeln über die Uhrzeiten auf. Und die Alten hier im Haus haben sich leider verbündet."

Wahrscheinlich waren sie pensionierte Staatsdiener, dachte ich, und lebten ihren Bürokratisierungsdrang jetzt bei der Eigentümerversammlung aus. In Deutschland hätte mich das alles nicht gewundert – aber waren Italiener wirklich genauso? Jedenfalls hatte ein Teil der Nachbarn durchgesetzt, dass tagsüber mollig geheizt wurde, während Berufstätige wie Daniele bei der Arbeit waren; und wenn die Rentner abends um halb zehn ins Bett gingen, wurde die Heizung zentral abgedreht. „Tut mir leid, so ist das hier eben!", sagte Daniele. „Wenn du willst, hole ich dir eine Decke!"

So ist das eben – das ist ein beliebter Stoßseufzer der Römer. Und dann beginnt *l'arte dell'arrangiarsi,* die Kunst, sich irgendwie selbst zu helfen. Braucht die Großtante eine Darmspiegelung, müsste im öffentlichen Gesundheitswesen aber drei Monate warten? Dann legt man zusammen und schickt sie zur Privatpraxis, die der Sohn einer früheren Kollegin gegründet hat – der macht die Kontrolle sofort und gibt einen kleinen Preisnachlass. Muss man mehrere Monate und vier bis fünf Nervenzusammenbrüche einrechnen, um ein Auto anzumelden? *Va beh,* dann beauftragt man zähneknirschend eine Agentur, die sich darum kümmert. Und wenn es mit der Genehmigung nicht vorangeht, um auf der Dachterrasse einen kleinen Bungalow hochzuziehen – dann versetzt man die Wände eben schon mal im August, wenn eh alle im Urlaub sind. *Arrangiarsi* ist oft ein Drahtseilakt zwischen dem Erlaubten und dem, was sich der Römer selbst gestattet. Es gibt nun mal viel zu viele Gesetze und Verordnungen: Da muss der denkende Bürger doch selbst entscheiden, was für ihn gilt, oder nicht?

Was die Kälte anging, hatte sich Daniele Abhilfe einfallen lassen, zumindest für einen besonders düsteren Abend: Gemeinsam mit Stefano und Deborah fuhren wir Richtung Viterbo, bogen dann – bitte nicht fragen, wo genau – auf einen holprigen Feldweg ab und kletterten schließlich im Dunkeln, die Badetaschen unterm Arm, über einen verwucherten Erdwall. Dahinter sah es aus wie in einer Höllenszene von Dante: Dampffetzen waberten in den Nachthimmel, es roch nach Schwefel, und in einem Tümpelbecken saßen halbnackte Gestalten. Arme Sünder, die in ewiger Verdammnis schmorten? Ach was! Geschmort wurde hier zwar, aber in heißem Thermalwasser. Der vulkanische Untergrund lässt an vielerlei Orten in Latium, Umbrien und in der Toskana heiße Quellen sprudeln. Um manche herum wurden aufwändige Thermalbäder errichtet;[26] andere jedoch liegen versteckt irgendwo im Wald oder, wie hier, auf einem Acker nicht weit von der Schnellstraße, und Ortskundige treffen sich dort zum kostenlosen Bad unter den Sternen. Bibbernd schlüpften wir in die Badeklamotten, und dann ließen wir uns ins dampfende Wasser gleiten. „Himmlisch!", seufzte ich. Endlich wurde mir durch und durch warm! Das Tümpelbecken war zwar höchstens hüfttief, aber riesig groß; zwischen den Zehen fühlte ich eine weiche Schlammschicht, doch danach kam ein angenehm harter Untergrund, fast wie in einem echten Schwimmbad. „Jetzt bräuchte man nur noch ..." – „... was zum Knabbern und ein kaltes Bier", ergänzte Daniele. „Haben wir alles dabei, in der Tasche da auf den Steinen." „Mich kriegt ihr hier nie wieder aus dem Wasser!", murmelte ich selig.

Ansonsten zog sich der November hin, grau, regnerisch, wenig ereignisreich. Ich schrieb an der *Tesi* oder arbeitete bei Radio Vatikan. Danieles sexfreudiger Mitbewohner Ryan war nach England zurückgegangen, und an seiner Stelle zog nun ein Österreicher namens Georg ein. Er war Mitte dreißig, promovierte aber noch immer mit ungebremstem Enthusiasmus über irgendein Detail aus Dantes „Göttlicher Komödie". Ansonsten fuhr er Fahrrad, was für Römer totalem Wahnsinn gleichkommt.[27] Und weil er sich in der Rolle des kultivierten Lebemanns gefiel, hielt er ständig Vorträge über Rotwein oder die Kunst des Artischockenkochens. „Komischer Typ", sagte Daniele. „Als ich gestern von der Arbeit nach Hause kam, stand er mit nacktem Oberkörper und einer weißen Kampf-sporthose in meinem Zimmer und machte Qigong-Atem-übungen." „Warum denn bei dir im Zimmer?", fragte ich. „Er hat gesagt, dass da am meisten Platz ist", sagte Daniele und rollte mit den Augen. „Sind alle Österreicher so?"

Doch das war nicht alles. Der Mitbewohnerwechsel hatte noch einen weiteren Nachteil mit sich gebracht. Daniele war tagsüber in seiner Firma, sein deutscher Mitbewohner Jochen im Archäologischen Institut – und nur Sprachlehrer Ryan hatte offenbar die Zeit gehabt, für seine WG zur Post zu gehen und die Gas-, Strom- und Telefonrechnungen zu bezahlen. Im Gegenzug hatten die anderen ihn vom Bad- und Küchenputzdienst befreit. „Ich hab total verdrängt, dass diese beiden Rechnungen hier übermorgen fällig sind", stöhnte Daniele und wedelte mit den Bescheiden. „Hoffentlich reicht es noch am Samstag. Vorher schaffe ich's ganz unmöglich zur Post." „Ich kann das doch morgen schnell erledigen", sagte ich, und Daniele schaute mich an, als hätte ich ihm eine Spenderniere angeboten. „Bist du sicher? Ganz sicher? Fühl' dich nicht verpflichtet, vielleicht kann ich ansonsten auch ..." – „Ist doch nun wirklich kein Problem!", erklärte ich unbekümmert und steckte die Rechnungen in meine Tasche.

Ehrlich gesagt: In meinem bisherigen Leben hatte ich solche Ausgaben stets von meinem Girokonto abbuchen lassen, und mir war bis dahin gar nicht klar gewesen, dass der

Durchschnittsrömer so etwas für vollkommen unverantwortlich hält. Er geht nämlich davon aus, dass Banken nicht zu trauen sei, genauso wenig wie Gas-, Strom- oder Telefonanbietern. Wie leicht könnten bei den Abbuchungen Fehler gemacht werden – und wie schwer dürfte es dann sein, in jahrelangem Nervenkrieg das sauer verdiente Geld zurückzuverlangen. *No grazie,* da bezahlt man den Rechnungsbetrag doch lieber bar ein, oder nicht? Dazu kam, dass viele Mietwohnungen ja auf den Namen des Eigentümers liefen, ohne dass dieser dort wohnte und Energiekosten von seinem Konto abgebucht haben wollte. Auch in diesen Fällen blieb den Mietern nichts anderes übrig, als den Betrag direkt bei der Post einzubezahlen.

Ich hatte bei Daniele übernachtet und war mit ihm aufgestanden, bevor er zur Arbeit musste. Und so erreichte ich schon kurz vor acht das Postamt in der Via Nocera Umbra, keine zwei Straßen weiter. Früh dran zu sein, hatte ich für eine schlaue Strategie gehalten – doch jetzt kamen mir Zweifel: Vor den verschlossenen Türen hatte sich schon eine immense Schlange gebildet, am Handyladen und an dem Miederwarengeschäft vorbei bis zum Tabaccaio an der Ecke. Und als dann ein Kahlkopf von innen die Türen aufzog und sich mit einem Hechtsprung in Sicherheit brachte, schob sich der ganze Pulk in die Schalterhalle, weil jeder eine bessere Wartenummer als der Vordermann ergattern wollte.

Hinter mir drängelte eine energische ältliche Signora mit Pelzkragen und Stock. Überhaupt: Zwei Drittel der Warteschlange bestand aus Rentnern. Die einen wollten offenbar ihre Pensionen abholen, denn auch die trägt der Römer am liebsten bar und im Briefumschlag nach Hause. Die anderen wedelten genau wie ich mit Zahlungsbelegen, oft auch mit denen ihrer erwachsenen Kinder, weil diese schließlich nicht für jede Gasrechnung einen halben Tag Urlaub nehmen konnten. Erst hatte ich Mitleid mit den Senioren, aber sie schienen das Schlangestehen zu einer Art Hobby gemacht zu haben. Die drei Baskenmützenträger vor mir zumindest kannten sich und unterhielten sich prächtig, indem sie abwechselnd die Langsamkeit der Schalterbeamten verfluchten. Und überhaupt – römische Rentner waren hart im Nehmen: Wie oft schon hatten mir im Supermarkt silberhaarige Matronen ihren Einkaufswagen in die Hacken gerammt, weil ich ihnen in die Quere gekommen war. *Madonnina Santa*, um eins musste schließlich für die Enkel das Mittagessen auf dem Tisch stehen, die hatten doch Hunger nach der Schule, die armen Geschöpfe!

Ich hatte Wartenummer C 17 erwischt und hoffte inständig, dass ich mich für den richtigen Knopf entschieden hatte. Wer einen versicherten Brief losschicken wollte, musste an den einen, wer einen solchen abholen wollte, an den anderen Schalter. Päckchen waren extra, Finanzdienstleistungen auch. „Pling!", F7, „Pling!", A3, „Pling!", C5 ... Anfangs zuckten unsere Köpfe noch, wenn auf der Anzeigentafel neue rote Nummern blinkten. Dann sahen wir ein, dass wir noch lange zum Warten verdammt sein würden. Die Raucher stellten sich auf die Straße und schielten durch die Schiebetür herein. Andere raschelten mit einer Zeitung oder unterhielten sich lautstark am Handy. Doch nebenbei warteten alle auf die erste große Drama-Darbietung, die sich unweigerlich an einem der Schalter zutragen und uns fürs Schlangestehen entschädigen würde: Römer lieben schließlich dramatische Szenen, als Hauptdarsteller oder im Publikum; und die Beamten hatten ihre Rolle als penible Korinthenkacker derart gut gelernt, dass es zwangsläufig zum Knall kommen musste.

Da, an Schalter 5 braute sich etwas zusammen. Der junge Mann mit dem Ziegenbärtchen fuchtelte schon vielversprechend aggressiv. „Ich hab's Ihnen doch erklärt: Ich kann keinen Ausweis vorlegen", sagte er mühsam beherrscht. „Mir ist mein Portemonnaie geklaut worden. Deswegen warte ich ja auch auf dieses Einschreiben da ...", er klopfte aufs Panzerglas, „weil da meine neue Bankkarte drin ist." Der Schalterbeamte zuckte mit den Schultern: „Kein Ausweis, kein Einschreiben!" – „Aber ich hab Ihnen doch die Diebstahlsanzeige gezeigt! Die ist doch offiziell, kein Kassenzettel aus dem Supermarkt." – „Na und? Vielleicht haben Sie eine Falschanzeige bei den Carabinieri gemacht, was weiß denn ich! Ich kenne Sie doch nicht, und Sie können sich ja nicht mal ausweisen", sagte der Beamte und faltete seine Hände über dem Bauch. Er tat hier nur seine Pflicht. Der junge Mann versuchte es noch einmal. „Ich hab den Ausweis doch schon beantragt, hier, ein Durchschlag vom Einwohnermeldeamt." Das zerknitterte Blatt wanderte unter der Panzerglasscheibe hindurch, der Beamte hielt es spitzfingrig ins Licht wie einen falschen Fuffziger, und dann verschwand er damit, um sich mit einem Kollegen zu beratschlagen. Der junge Mann wartete. Hoffte. Wartete. Schaute entschuldigend zu den Männern, die die Nummern nach ihm gezogen hatten, dann auf seine Uhr, dann wieder hinter den Schalter. Zu den beiden Beamten dort war inzwischen noch eine Kollegin gestoßen, die drei lachten, hahaha, irgendwas war unglaublich lustig dahinten. An Schalter 4 sauste das Rollo nach unten, „*Chiuso*", geschlossen, obwohl die Post kaum eine halbe Stunde zuvor geöffnet hatte. Irgendwann ließ sich der Postler wieder auf seinen Drehstuhl fallen, beäugte den jungen Mann und sagte: „Sie hätten sich einen Ersatzausweis geben lassen müssen, im Einwohnermeldeamt. Das machen die noch am gleichen Tag, da bin ich ganz sicher." „*Ah si?*", zischte der junge Mann. „Bei mir war das offenbar nicht möglich. Und überhaupt will ich Ihnen mal was sagen: Ich war zu Hause, als Ihr Postbote wegen des Einschreibens geklingelt hat. Keine fünf Sekunden hat der an der Tür gewartet, wo ich nur schnell den Kaffee vom Herd ziehen musste, keine fünf Sekunden! Und jetzt stehe ich hier bei Ihnen, und Sie weigern sich, ohne dass ..." Und so weiter, und so fort.

Den Ausgang des Dramas – und ob es Schlussapplaus von den Zuschauern gab – habe ich verpasst, weil irgendwann tatsächlich meine C17 blinkte. Rechnungen! Geld bezahlen! Deshalb war ich ja eigentlich hier. Die Beamtin zählte mürrisch die Scheine, die Daniele mir hergerichtet hatte, und schnipste 2,30 Euro Restgeld in meine Richtung. „Und dann hätte ich noch gerne Briefmarken. Europäisches Ausland, bitte?", sagte ich, wo ich schließlich gerade den halben Vormittag bei der Post verbracht hatte. Die Frau sah mich lange an und beschloss, dass ich einer Antwort, gar eines Ratschlags würdig sei. „Briefmarken gibt's an Schalter 7, die Wartenummern dafür am Automaten", murrte sie. „Aber wissen Sie, *Signorina*: Briefmarken kaufen Sie am besten nicht hier, sondern im Tabakladen. Da sind keine Schlangen." Das war doch ein netter Ratschlag, dachte ich beim Hinausgehen. Vielleicht hatte die Postbeamtin aber auch nur gehofft, so ein für alle Mal einen lästigen Kunden loszuwerden.

## Nachhilfe im Römisch-Sein
## Teil 6: Kräftig fluchen

Ob beim Behördengang, im Fußballstadion oder an einer verstopften Kreuzung der vierspurigen Appia Nuova: Es hat eine befreiende Wirkung, die gängigsten Romanesco-Flüche zu beherrschen – oder wenigstens zu verstehen, was der puterrot angelaufene Einheimische Ihnen gerade zubrüllt. Ein Deutscher benutzt spontan meist Fäkalbegriffe, wenn er wütend ist; der Römer hingegen konzentriert sich zunächst meist aufs männliche Geschlechtsteil: *„Ma che cazzo stai a fà?"* („Was für einen Schwanz machst du da?") – das gilt fast noch als freundliche Nachfrage, wenn etwa ein Motorinofahrer nicht mit Ihrem plötzlichen Spurwechsel gerechnet hat. *„Testa di cazzo!"* („Schwanzkopf!"): Jetzt wird's schon etwas ernster. Doch erst wenn der Motorinofahrer mit einem *„cazzotto"*[28] droht, setzt es möglicherweise gleich Prügel.

Der römische Dialekt ist für seine Derbheit bekannt, und je nach Zusammenhang können Schimpfwörter deshalb auch Positives bedeuten. Im schlichten *„Cazzo!"* des Römers schwingt beispielsweise oft Erstaunen oder Bewunderung mit, noch deutlicher im inbrünstigen *„Cazzarola!"*. Hat er Glück, dann ruft er *„Che culo!"* („Was für ein Arsch!"). Die vulgäre Umschreibung des weiblichen Geschlechtsteils *(„Fregna")* kann so viel wie „Glückwunsch! Gut gemacht!" bedeuten. Und sobald der Römer etwas überhaupt nicht fassen kann, ruft er *„Me cojoni!"* – „Meine Eier!"[29]

Ein anderer verbreiteter Kraftausdruck, der ausnahmsweise keine Geschlechtsteile bemüht, ist ebenfalls doppeldeutig: *„Li mortacci tua!"* Prinzipiell beschimpft der Römer damit Ihre verstorbenen Familienangehörigen, aber er könnte damit auch Mitleid oder Erstaunen ausdrücken. Wirklich böse meint er es allerdings mit *„L'anima de li mejo mortacci tua!"*, weil er dann auch die Seele Ihrer liebsten Verstorbenen verflucht. Darauf antworten Sie mit einem kraftvollen *„Fijo de na mignotta!"* („Hurensohn!")[30]. Das können Sie sogar noch zu einem mundfaulen und damit besonders authentischen *„Fjodena!"* zusammenziehen: Pier Paolo Pasolini benutzte diesen Ausdruck in seinen Romanen über die römische Unterschicht. Und sobald Sie Pasolini im Original lesen können, haben Sie die Kunst des römischen Fluchens bravourös gemeistert.

# Dezember – O du Fröhliche

*Siebte Lektion, in der ich lerne, dass Bäume überschätzt sind und dass nuttenrote Unterwäsche Glück bringen kann.*

ICH HABE ES BISHER WOHL VERSÄUMT, den Aufzug zu beschreiben, der mich in der Via Palestro täglich mehrfach nach oben zur Wohnung und wieder hinunter ins Erdgeschoss brachte. Beim Hausbau um die Jahrhundertwende war er natürlich nicht eingeplant gewesen. Und so hatten die fußfaulen Wohnungsbesitzer erst nachträglich – vielleicht in den 50ern? – einen offenen Metallgitterschacht zwischen die Treppen setzen lassen, in dem seither eine hölzerne Kabine bis ins sechste Stockwerk schwankte. Solch historische Aufzüge gab es noch in vielen römischen Häusern. Und typisch war auch, dass sich die Türen nicht automatisch aufschoben, sondern dass man sie von Hand öffnen musste: erst die schwere Metalltüre außen, dann die hölzernen Flügel innen, und das alles oft mit drei Einkaufstüten am Arm, was Koordinationsvermögen und Muskelkraft verlangte. Mir war der alte Aufzug trotzdem sehr sympathisch. Er hatte in der Kabine sogar noch ein Kästchen, in das man vor langer, langer Zeit Lirastücke werfen musste, wenn man überhaupt den luxuriösen Lift-Service in Anspruch nehmen wollte. Die Gäste des „Stargate", der „Pensione Trevi" und des Hotels „Gabriella" jedoch wussten den Charme des Aufzuges kaum zu schätzen: *„Oh my God, we're gonna die!"*, ächzten regelmäßig Amerikanerinnen, die den Aufzug mit ihren enormen Koffern allerdings auch an seine Belastungsgrenzen brachten. Und dann vergaßen sie noch gern, nach dem Aussteigen die Türen von Hand zu schließen. Der Aufzug blieb dann blockiert, bis irgendjemand die Treppen hochstürmte und das Malheur beseitigte.

Seit der Vorweihnachtszeit jedoch benutzte auch ich den Aufzug nicht mehr gerne: Die Hoteliers hatten sich nicht lumpen lassen und in der Eingangshalle einen Plastikweihnachtsbaum aufgestellt. Er blinkte aufgeregt in Pink-Blau-Grasgrün-Gelb und fiepte „Jingle Bells" von morgens um acht, bis abends endlich jemand den Stecker zog. Wann immer ich jetzt länger auf den Aufzug warten musste, hatte ich hinterher einen grässlichen Ohrwurm.

„Beschwer' dich nicht über den Weihnachtsbaum! Der ist schließlich eine Anpassung an eure nordeuropäischen Sitten und Gebräuche!", sagte Francesca eines Sonntagnachmittags, als ich sie, Daniele und meine Mitbewohner zum Plätzchenessen und Punschtrinken eingeladen hatte. Das galt im Übrigen ebenfalls als nordeuropäisch und ungewöhnlich: Der Römer kennt weder Lebkuchen noch Zimtsterne, und auch nicht das dumpfe Kopfweh, das nach zu vielen Bechern Glühwein fast unvermeidlich ist. „Francesca hat recht: Als wir klein waren, hatte kein Mensch hier in Rom einen Baum", stimmte Daniele zu. „Was hattet ihr denn stattdessen?", fragte ich. „Eine Krippe natürlich", antwortete er. Ich musste lachen. „Eine Krippe? Das ist ja ein toller Ersatz für einen duftenden, grünen, festlich geschmückten Baum! Und dann habt ihr die Geschenke auf dem Schoß vom Jesuskind aufgestapelt, oder wie? So ganz ohne Baum, unter den ihr sie legen konntet ..." Ja, ja, das war ein bisschen bösartig. Der arme Daniele konnte schließlich nichts dafür, dass rund um seine Heimatstadt zwar Pinien und Zypressen, aber natürlich kaum Tannen wuchsen. Nur der Papst bekam Jahr für Jahr einen echten, immensen Christbaum geschenkt, der extra aus Niederösterreich oder einer anderen waldigen Region auf den Peters-

platz gekarrt wurde. Ansonsten hatten sich neuerdings prak-
tisch-kompakte Klappweihnachtsbäume in der Ewigen Stadt
verbreitet wie eine ansteckende Krankheit – und ich konnte
verstehen, dass Daniele an denen nichts finden konnte. „Ein
echter Tannenbaum ist ganz was anderes", versuchte ich ihn
noch einmal zu überzeugen. „Den holt man erst am Weih-
nachtsmorgen ins Zimmer, schmückt ihn mit der ganzen Familie, und wenn man abends dann ganz vorsichtig die Kerzen
anzündet ..." – „Moment, sag das bitte noch einmal!", unter-
brach mich Simona. „Ihr zündet richtige KERZEN an? Mit
FLAMMEN? An einem BAUM?" – „Ich habe eine Pyromanin
zur Freundin", jammerte Daniele. „Seid ihr denn wahnsinnig?
Da brennt doch das ganze Haus ab!" – „Ach was! Man muss
die Kerzen doch nur klug an den Ästen verteilen", versuchte
ich abzuwiegeln, „... und dann darf man natürlich nicht aus
dem Zimmer gehen, während die Kerzen brennen." – „Ihr seid
wirklich wahnsinnig", wiederholte Daniele kopfschüttelnd.
„Absolut und total verrückt!"

Nun darf man nicht denken, dass nur mein Fidanzato so
entsetzt reagierte: Den Dezember über kam regelmäßig die
Sprache auf Weihnachtstraditionen. Und das Entsetzen war
groß, wann immer ich – probehalber, irgendjemand musste
doch auf meiner Seite sein – von den Kerzen erzählte oder
wann immer Daniele das rechte Stichwort gab („Und stellt
euch vor, was manche da machen ..."). Selbst einen Advents-
kranz im Wohnzimmer fanden meine Freunde unverantwortlich. „Und ich dachte immer, ihr Deutschen seid so vernünftig", sagte Terry kopfschüttelnd. „Aber diese Vanillekipferl von
deiner Mutter sind große Klasse. Gibst du mir da mal das Rezept?"

So blieb mir nur die deutsche Redaktion von Radio Vatikan, wo regelmäßig die Adventskerzen brannten. Immer nach
der 16-Uhr-Sendung setzten sich alle Mitarbeiter zu Tee, Plätz-

chen und Geplauder zusammen. Es herrschte eine freundliche
Atmosphäre – kein Vergleich zu den hektischen Egomanen,
die mir in anderen Redaktionen begegnet waren. „Kann ich
dich denn heute für die Abendsendung alleine lassen?", fragte
Irene. „Ich hab alles komplett vorproduziert. Du musst nur
das Band mit ins Studio nehmen und am Anfang die wichtig-
sten Nachrichten lesen. Drei, vier Minuten reichen, o.k.? Und
dann spielt der Techniker den Rest einfach ein."

Die Radio-Vatikan-Studios waren eine lustige Mischung
aus 60er-Jahre-Look und Hightech. Normalerweise waren die
Beiträge im Schnittcomputer-System gespeichert, und sie wurden dann zwischendurch live vom Moderator des Abends angekündigt. Aber besonders wichtige oder besonders lange
Stücke – wie in diesem Fall Irenes komplette Sendung namens „Die Woche in Rom" – speicherten wir noch manchmal
auf gute, alte Tonbänder. Da konnte man wenigstens sicher
sein, dass nichts gelöscht wurde und dass nicht der Computer
während der Sendung abstürzte. Eigentlich war diese Metho-
de idiotensicher. Aber offenbar nicht sicher genug für mich.

Ich hatte mich brav an den Schreibtisch gesetzt, die Nachrichten gekürzt und dann extra groß ausgedruckt, damit ich
beim Lesen nicht zwischen den Zeilen verrutschte. Inzwischen war ich nicht mehr ganz so nervös, wenn ich live auf
Sendung musste – aber aufregend war es doch geblieben. Und
so war ich ein paar Minuten früher oben im Studio. Ich winkte dem Techniker, zog die schalldichte Tür zu und rückte gerade das Mikrofon zurecht, als ein Lämpchen leuchtete und
die gelangweilte Technikerstimme krächzte: „*Scusa*, hier fehlt
das Tonband. Sollte nicht die Hauptsendung nachher einge-
spielt werden? Oder willst du was improvisieren?" O nein, das
Band! Das hatte ich unten in der Redaktion auf dem Schreibtisch vergessen. Ich stieß die Tür wieder auf, rannte den Gang
entlang, die Treppen hinunter, dann mit dem Band wieder zu-

rück, und fluchte dabei innerlich sehr kräftig, auch wenn das in solch heiligen Hallen völlig unangebracht war. Ganz ruhig jetzt! Tief durchatmen! Ich hatte es doch schließlich gerade noch geschafft!

Der Techniker nahm das Band, ich flitzte hinters Mikrofon, stülpte die Kopfhörer über, und schon war ich auf Sendung. „Laudetur Jesus Christus", japste ich, „hier ist Radio Vatikan." Jingle, Begrüßungsmelodie, kostbare Sekunden Pause. Was war ich gerannt! Die Nachrichten verschwammen vor meinen Augen, ich war immer noch völlig außer Atem. Lesen! Jetzt bitte lesen! „Rom. Der Vatikan hat heute" – keuch – „den geplanten Besuch des Papstes" – hechel – „im Heiligen Land offiziell bestätigt ...". Es ging nicht! Ich schaffte es einfach nicht, die Stimme gleichmäßig und entspannt klingen zu lassen, und je mehr ich in Panik geriet, desto weniger konnte ich atmen. „Vietnam. In Hanoi beginnt" – puh – „an diesem Montag ein Prozess" – japs – „gegen drei katholische Ordensbrüder." Die drei, vier Minuten Nachrichten schienen eine Ewigkeit zu dauern, bis sich endlich Irene vom Band meldete, mit perfekt balancierter Stimme natürlich, schönen guten Abend, verehrte Zuhörer, und willkommen bei der Sendung „Die Woche in Rom". Ich wischte mir die Schweißperlen von der Stirn und verdrückte mich mit schlechtem Gewissen in den Feierabend. Der Techniker winkte mir gleichgültig zu.

„Was war denn mit dir gestern im Studio los? Hattest du einen Asthmaanfall, oder noch Weihnachtsplätzchen im Mund?", rügte mich prompt am nächsten Morgen Jürgen. Natürlich hatten alle die Sendung gehört, in der ich geklungen haben musste wie ein halb erstickter Seehund. Ich schüttelte unglücklich den Kopf: „Ich musste vor den Nachrichten nochmals nach unten rennen, und dann war ich völlig außer Atem." „Ach, komm, mach dir nichts draus", tröstete mich

Bettina. „Die Mittelwelle knackt so sehr, da versendet sich viel." Auch Daniele versuchte mich aufzuheitern, als ich ihm später von dem Malheur erzählte: „Nicht ärgern, *bellezza*! Die meisten eurer Hörer tragen doch sicher eh ein Hörgerät, die kriegen solche Feinheiten überhaupt nicht mit!"

Am Wochenende versuchte ich, Weihnachtseinkäufe zu machen – gleichzeitig mit ungefähr der Hälfte aller Römer. Zum Glück hatte ich wenigstens schon die Geschenke für Deutschland besorgt und losgeschickt. Ich hatte lange mit mir gerungen, ob ich nicht doch noch ein Ticket kaufen und für einige Tage nach Hause fliegen sollte. Manche Leute hassen ja die obligatorischen Familienfeste, die Reise zu den Eltern, die Rückkehr ins ehemalige Kinderzimmer, das längst zum Hobbyraum mutiert ist ... Aber ich mag Weihnachten zu Hause. Meine Mutter hatte schon ab und an halbherzig vorgeschlagen, man könne doch mal etwas Neues probieren, an den Festtagen zum Beispiel gemeinsam verreisen. Aber wenn sich ansonsten ständig so vieles ändert im Leben, dann freut man sich über einige Konstanten, und dazu gehört für mich Weihnachten: die Tanne, die prinzipiell erst mal nicht in ihren Ständer passt, ein kleiner Knatsch bei den Vorbereitungen, dann abends das Festessen mit Königinpasteten, „O-du-Fröhliche"-Katzenjammer, Bescherung.

Trotzdem hatte ich beschlossen, in diesem Jahr in Italien zu bleiben. Eine Heimreise hätte sich kaum gelohnt, denn über Silvester wollten wir mit Paolo und Terry nach Venedig fahren. Für Weihnachten hatte mich außerdem Danieles Familie eingeladen, und wenn ich wirklich Rom kennenlernen wollte, gehörte so ein Fest doch einfach dazu. Die Innenstadt jedenfalls war schon mal vielversprechend, dachte ich, als ich am späten Nachmittag aus der Metro stieg. Die Spanische Treppe verschwand fast unter Kübeln von üppig wuchernden, rot flammenden Weihnachtssternen. Tannengirlanden mit spiegelblanken Christbaumkugeln rankten sich um die Eingänge der Geschäfte. Und in den Einkaufsstraßen glitzerten unzählige winzige Lichtlein, mal in feinen Fäden quer über die Straße gespannt, mal in Sternform. Es war wunderschön.

Ich bummelte zunächst eher ziellos durch die Straßen, ließ mich auf dem Corso von den Massen mitschieben, und beobachtete die Römer auf Geschenkejagd. Es war nicht wirklich kalt, aber jeder trug schon seit Mitte Oktober seine Wintergarderobe zur Schau. Besonders verbreitet waren schwarze Daunenfederjacken, *piumone* genannt, die in der längeren Version auf dem Motorino den Hintern wärmten, Auswärtige wie mich aber zum unförmigen Michelinmännchen degradierten. Der Römer hingegen trug seinen *piumone* mit Eleganz sowie mit einem teuren Schal und Lederhandschuhen. Natürlich durfte außerdem niemals eine flauschige Pelzumrandung um Kragen oder Kapuze fehlen, auch bei den Männern nicht, selbst wenn das anderswo als weibisch gegolten hätte. Überhaupt – die Pelze: Ich würde Daniele einmal fragen müssen, ob es hier nie zu heftigen Tierschutzprotesten gekommen war wie Anfang der 90er Jahre in Deutschland. In meiner kleinen Heimatstadt jedenfalls kursierten damals mehr engagierte Unterschriftenlisten als Grippeviren. Wir hatten unermüdlich und so lange gegen die Waljagd, das Waldsterben oder eben gegen die Pelzindustrie protestiert, bis selbst Großmütter ihren abgeschabten Kaninchenmantel nicht mehr zu tragen wagten und im Schrank versteckten, als hätte das die kleinen Nager wieder lebendig gemacht. Falls es in Rom je solche Proteste gegeben hatte, waren sie längst vergessen: Die wohlsituierte Signora jenseits der vierzig jedenfalls schmiegte sich mit größter Selbstverständlichkeit in glänzenden Pelz. Und auch wenn ich hiermit eins der üblichen Italienklischees bediene: Bei keinem Winter-Arrangement fehlte die große, dunkle Sonnenbrille, die der Römer prinzipiell nicht ablegte, bloß weil es gerade regnete oder er unbequemerweise an einer der schlecht beleuchteten Metro-Haltestellen wartete.

Trotz derart beeinträchtigter Sichtverhältnisse schienen allerdings die meisten problemlos Geschenke gefunden zu haben – jedenfalls trug jeder mehrere Tüten mit sich herum, während ich immer noch mit leeren Händen durch die Stadt streifte. Die Edelgeschäfte rund um die Piazza di Spagna waren zwar so festlich und einladend geschmückt, dass ich gern sofort in die Läden gestürmt wäre, aber die Erfahrung und ein Blick auf die handgeschriebenen Preisschilder hielten mich davon ab. Beim Campo de Fiori das Gegenteil: Hier hingen fleischfarbene BHs, Bärchenpyjamas und Riesenschlüpfer im Schaufenster, mit Stecknadeln auf bezogene Holzplatten gepikst, als habe sie jemand in den 60er Jahren dort aufgehängt und seitdem vergessen. Hier würde ich definitiv nichts finden.

Ich setzte mich müde auf ein Bänkchen und rief Francesca an. Vielleicht wüsste meine römische Freundin ja Rat. „Bloß keine originellen Experimente, wenn du dir nicht sicher bist!", erklärte sie entschieden. „Geh in eine Buchhandlung und besorg' Grass oder Böll in der italienischen Übersetzung. Die sind gut, aber niemand hier hat sie gelesen, und du machst *bella figura* und scheinst kulturell interessiert." Für die diversen Neffen und Nichten hingegen schickte Francesca mich zur *„Città del Sole"*: Das war ein wahnsinnig angesagter Spielwarenladen in Rom, weil er tatsächlich auch Holzeisenbahnen und Brettspiele, Experimentierkästen und wunderschöne Bilderbücher hatte. Das ist ungewöhnlich in Italien, wo ansonsten fast nur Plastikspielzeug der Marke Chicco verkauft wird – knatschbunt und serienmäßig mit Lichtorgeln und elektronischem Höllenlärm ausgestattet.

Und schließlich war Weihnachten. Ich war über die Feiertage zu Daniele in die Via Todi gezogen, weil meine Mitbewohner allesamt zu ihren Familien verschwunden waren. In Danieles WG war es das Gleiche: Auch Jochen und der nervige Österreicher Georg waren verreist, und so hatten wir die ganze Wohnung für uns. Wir schliefen lang und gingen dann in die Eckbar zum Frühstück. Es war kühl, aber die Sonne strahlte am blitzblauen Himmel, und mit etwas gutem Willen konnten wir den Cappuccino draußen in einem windgeschützten Eckchen trinken. Am frühen Abend klingelten wir schließlich bei Danieles Eltern. Der Vater öffnete uns. Händeschütteln, Willkommensküsschen. „Lina ist schwer beschäftigt", sagte er und deutete Richtung Küche. Und da stand Danieles Mutter vor zwei Brutzelpfannen mit Öl, die Schürze über ihren Festtagskleidern, einen Berg Gemüse und eine Schüssel mit flüssigem Teig neben sich. „Du machst *fritti!*", jubelte Daniele. Seine Mutter lachte. „Was hast du denn gedacht? Dass ich sie dieses Jahr einfach weglasse?"

Nun mag es etwas seltsam anmuten, dass Fettgebackenes in Rom nicht nur in derben Pizzerien, sondern auch vor einem Festmahl als angemessene Vorspeise galt. Zwar wollte ich nun nicht selbst mit Verdauungspanik anfangen – aber ehrlich: Würden diese Antipasti nicht schwer im Magen liegen, wenn wir hinterher noch den ganzen Abend weiteressen müssten?

Daniele schien das egal zu sein: Er war schnell mit einem ersten Teller voll knusprig ausgebackener Champignons und Artischockenherzen aus der Küche geflohen. Er kochte ja wirklich gut, aber vor brodelndem Frittierfett hatte er Respekt. Mich reizte hingegen die Idee, mich selbst einmal an römischen Fritti zu versuchen. *„La mamma è sempre la mamma!"*,[31] pflegt der Italiener zwar zu sagen, und ich hatte keinerlei Ehrgeiz, in einen unmöglichen Konkurrenzkampf einzusteigen;

aber sich ein paar Mutterkunststücke abzuschauen konnte doch kaum schaden – vor allem, wenn sie derart lecker waren. „Kann ich helfen?", fragte ich deshalb. „Wenn du Lust hast – gern!", sagte Danieles Mutter halb überrascht, halb erfreut. „Da hinten ist eine Schürze. Als Nächstes kommt der *borragine*[32] dran. Hast du den schon mal probiert? Das ist eine Wildpflanze, die es gar nicht mehr so oft zu kaufen gibt. Mein Gemüsehändler besorgt die immer extra zu Weihnachten."

Da hatte ich nun gleichzeitig Glück und Pech: Frittierter Borragine war zwar eine Spezialität – aber die Blätter waren haarig und widerspenstig. Wir wickelten Parmesanstückchen in sie ein und zogen die Päckchen dann durch den flüssigen Teig, aber im blubbernden Ölbad öffneten sie sich bei mir immer wieder, wenn ich sie nicht mit größter Sorgfalt drehte. „Kein Problem – es schmeckt ja auch, wenn sie nicht perfekt aussehen", sagte Danieles Mutter. „Als nächstes kommen die Zucchinistreifen dran, das geht viel einfacher, du wirst sehen."

Drüben im Wohnzimmer leerten sich die Teller mit unseren Fritti erschütternd schnell: Inzwischen waren Danieles Geschwister mit ihren Familien angekommen, und alle langten zu, als müssten sie den Rest des Abends darben. *„Papà, Papà*, komm her, du musst mich hochheben", hörte ich im Flur den kleinen Sebastiano jauchzen. „Der Bauernhof von Maria und Josef ist wieder da!" Damit meinte er natürlich die Krippe, die jetzt anstelle des Telefons auf der langen Flurkommode thronte. Ich konnte verstehen, dass so eine Krippe die Kinder begeisterte: Über gut zwei Meter hatten Danieles Eltern winzige Figuren aufgestellt. Das Jesuskind fehlte noch, denn schließlich sollte es erst heute geboren werden. Nichtsdestotrotz starrten das Heilige Paar sowie Ochs und Esel bereits andächtig auf den strohgepolsterten Futtertrog. Auch Hirten waren mit stattlicher Schafherde schon herbeigeeilt, und Engel schwebten an Nylonfäden im imaginären Nachthimmel. Weiter weg gruppierten sich die Häuser eines Dorfs: Da gab es eine Schmiedwerkstatt und Schweinekoben, anmutige Mädchen mit Gemüsekörben, einen Bach aus Silberpapier, in dem Enten und Gänse badeten, ein Mühlrad. Und ganz im Hintergrund standen schon die Heiligen Drei Könige mit ihrem triefäugigen Kamel bereit. Allerdings würden sie erst termingerecht am 6. Januar nach vorne gerückt, wie mir Nichte Irene fachmännisch erklärte.

Ich war von den Fritti schon satt, als das eigentliche Essen begann. Traditionell isst man am 24. nur Fischgerichte – eine Art Fastenmahl, nur dass eben nicht gefastet wird: Es gab Farfalle mit einer köstlichen Lachs-Cognac-Sauce, dann Garnelen-Risotto und später einen riesigen Fisch, den Danieles Schwester Armanda in einem noch größeren Fischbrattopf zubereitete. „Ein Hochzeitsgeschenk natürlich. Das Ding benutze ich sonst nie!", erklärte sie, als ich das ungewöhnliche Gerät bewunderte.

Entgegen den üblichen Italienklischees setzten die Frauen in Danieles Familie prinzipiell niemandem zu, er möge doch bitte noch mehr essen, noch ein Löffelchen Risotto, eine zweite Portion vom Hauptgang oder wenigstens noch ein wenig Salat. Nein, wir Erwachsenen konnten in Ruhe schmausen. Am Kindertisch sah das anders aus. „Komm, Adelaide, das bisschen Pasta wird aufgegessen!", verlangte Giuliano. „Irene, Lucia, setzt euch wieder hin, bis alle fertig sind!", schimpfte Armanda. „Schmeckt es dir nicht, Sebastiano? Soll ich dir lieber ein bisschen Pasta mit *formaggino*[33] machen?", fragte mitleidig die Oma. Nur Rebecca langte kräftig zu und kam zwischendurch an den Erwachsenentisch, um sich nochmals nachzuschöpfen.

„Wie geht es denn jetzt weiter?", fragte ich irgendwann Daniele, als auch Obst und Nachtisch bezwungen waren.

„Machen wir jetzt die Bescherung?" „Ach was", sagte Daniele. „*Babbo Natale* kommt erst pünktlich um Mitternacht, oder Sebastiano, so ist es doch?" Der Kleine nickte ernsthaft. „Ich bin ja selbst todmüde und vollgefressen", flüsterte Daniele mir zu, „aber bis Mitternacht müssen wir leider durchhalten." „Tombolaaaaa!", tönte da Danieles Schwager Andrea aus dem Nebenzimmer. „Wer spielt mit bei einer Runde Tombola?" Daniele grinste. „Kein wirklich spannender Zeitvertreib, aber sehr typisch für die Warterei am Heiligen Abend. Das wird in fast allen Familien gespielt. Komm, eine Runde wenigstens machen wir mit!"

Ich hatte Lust auf ein Spiel, habe mich aber, so fürchte ich im Nachhinein, bei der Tombola nicht gerade beliebt gemacht. Die Regeln waren schnell erklärt: Tombola war die italienische Version von Bingo. Jeder bekam zwei Kärtchen, auf die einige Zahlen zwischen 1 und 90 gedruckt waren. Sebastiano zog aus einem Säckchen Steine mit Nummern, und weil er noch zu klein war, um sie selbst vorzulesen, verkündete Irene mit lauter Stimme: „Sechsundsechzig! Wir haben die sechsundsechzig gezogen!", „Dreiundzwanzig!", „Und diesmal die Fünfundvierzig! Hat jemand die Fünfundvierzig?" „Ich hab sie! *Ambo!*", kreischte Lucia, und die anderen Kinder seufzten neidvoll. Erst jetzt sah ich, dass Tombola offensichtlich immer um Geld gespielt wurde. In der Tischmitte lagen fünf immer größer werdende Häufchen mit Münzen: Der Hauptgewinn würde an den Tombolagewinner gehen, an denjenigen, der als Erster all seine Zahlen abgedeckt hatte. Aber auch wer zwei, drei, vier oder fünf Richtige in einer Reihe hatte, wurde mit einem Münzhäufchen belohnt, wenn er eben *ambo, terno, quaterna* und *cinquina* rief. Lucia hatte soeben immerhin 65 Cent gewonnen, wie sie durch schnelles Nachzählen feststellte. „Vierzehn!" – „Achtundsiebzig!" – „Vierundzwanzig!" Ja, Tombola-Spielen war nicht sehr abwechslungsreich, auch wenn ich mit dem Kontrollieren der Zahlen kaum hinterherkam, so schnell ratterte Irene jetzt die Zahlen herunter. „Äh .... ich glaube, ich hab jetzt Drei in einer Reihe!", sagte ich irgendwann zögernd. „*Terno!* Glückwunsch!", antwortete Daniele und schob mir ein Münzhäufchen zu.

Nun ist es bei diesem Spiel wie so oft im Leben: Wer eh schon hat, dem wird gegeben. Eine meiner Karten hatte von Anfang an besonders viele Treffer, und so dauerte es nicht lange, bis ich auch vier Richtige in einer Reihe hatte. Dann fünf. Und schließlich: „Tombola!", sagte ich schwach und bekam auch den letzten Münzenhaufen zugeschoben. Die Kinder seufzten enttäuscht und schoben ihre Karten von sich weg. „Nicht ärgern. Dafür kommt bald *Babbo Natale,* und der hat sicher tolle Geschenke für euch", sagte Giuliano und warf seinem Bruder Daniele einen verschwörerischen Blick zu.

Um einen Weihnachtsmann ins Wohnzimmer marschieren zu lassen, waren die meisten der Kinder zu groß – aber ganz wollte man trotzdem nicht auf ihn verzichten. Ich schaute zu, wie Daniele im Schlafzimmer mit Sofakissen dickgestopft und dann mit rotem Anzug, Zipfelmütze und mit Rauschebart ausgestattet wurde. Kurz vor Mitternacht schließlich schlich er leise aus der Wohnung, und ich hörte den Fahrstuhl knarren.

„Kinder! Ich glaube, ich hab da unten jemanden auf der Straße gesehen!", rief kurz darauf der Opa aus dem Arbeitszimmer. „Jemanden mit weißem Bart. Das ist doch sicher ..." – „*Babbo Natale*! Ich seh' ihn auch!", jubelte Adelaide, die mit den anderen zum Fenster gestürzt war. Weit unter uns, im Licht der Straßenlaterne, winkte der Weihnachtsmann und warf Kusshände zu uns nach oben, und dann joggte er weg, erstaunlich schnell für seine korpulente Gestalt, und verschwand hinter der Ecke. „Wo ist denn sein Schlitten?", fragte

Rebecca kritisch. „Für den hat er unter dem Haus keinen Parkplatz gefunden", behauptete Giuliano. „Du weißt doch, wie lange wir selbst immer mit dem Auto rumkurven müssen!"

Weitere Detailfragen mussten zum Glück nicht geklärt werden, denn Irene hatte in einer Wohnzimmerecke nun den Geschenkeberg entdeckt, gleich neben der offenen Balkontür, durch die der Weihnachtsmann die Päckchen angeblich ins Haus geschmuggelt hatte. Ich dachte ein bisschen wehmütig an den prächtig geschmückten Christbaum, der bei meinen Eltern heute Abend im Wohnzimmer geleuchtet hatte und jetzt längst im Dunkeln da stand. Inzwischen war es fast halb eins, und die Bambini-Schar war deutlich munterer als ich. „Besonders liebe Grüße vom Weihnachtsmann, *bellezza!*", murmelte mir Daniele ins Ohr, der inzwischen zurückgekommen war.

Die Feiertage verstrichen mit Ausschlafen und unglaublichen Mengen von Essen und Spielen. Die Tombola war zum Glück für den Heiligen Abend reserviert; jetzt mussten die neuen Geschenke ausprobiert werden. Beim Trivial Pursuit, Special-Edition „Walt Disney", zogen die Kinder uns gnadenlos ab. „Welche Haustiere hält sich die böse Meereshexe Ursula in ‚Arielle, die Meerjungfrau'?", las Lucia vor. „Absolut keine Ahnung. Vielleicht Cockerspaniel?", stöhnte Daniele. „Nein, *zio.* Natürlich Muränen! Der Nächste ist dran!"

Und dann fuhren wir nach Venedig. Paolos Cinquecento war mit Gepäck und vier Erwachsenen bis zum letzten Quadratzentimeter gefüllt, auch ohne Terrys Riesenmischling Zara. Den hatte sie zu ihrer Schwester aufs Land gebracht, weil ihn die römischen Silvesterböller jedes Jahr fast in den Wahnsinn trieben. Die Stimmung im Auto war gut, was auch an Paolos ausgeklügeltem Reise-Soundtrack lag, der aus den kleinen

Boxen wummerte. Es war schon Abend, als wir am Piazzale Roma geparkt hatten, dem letzten Stückchen Venedig, das mit dem Auto zu erreichen war; von dort fuhren wir mit einem Boot zu unserer Pension auf der kleinen Laguneninsel S. Erasmus. Kurzfristig hatten wir kein bezahlbares Hotel in Venedigs Innenstadt gefunden, und wir wollten nicht jeden Abend zurück aufs Festland pendeln, um dann im tristen Mestre zu schlafen. Das Inselchen, auf dem vor allem Artischocken und Spargel angebaut wurden, war ein guter Kompromiss.

Als wir am nächsten Morgen per Schiff wieder in die Stadt zurückbrummten, lag die Lagune flach da wie ein Spiegel. Möwen kreischten, es war klirrend kalt. Wir standen vermummt an Deck und reckten die Hälse, und dann tauchte plötzlich Venedig vor uns auf, zerschnitt mit seinen Kirchtürmen den Nebel, unwirklich, wie von einer anderen Welt. „Wow!", sagte Paolo schlicht und zückte seine allzeit bereite Kamera. Ich kuschelte mich an Daniele und staunte still.

Der Anblick von Venedig kann mich immer wieder aufs Neue verzücken. Die winkligen Kanäle und die Pracht der *palazzi*. Das Schaukeln der Gondeln. Das matt glänzende Goldmosaik in San Marco. Beim ersten Besuch hatte ich mich noch erschrecken lassen von den ungeheuren Touristenmassen und dem allgegenwärtigen Billig-Kitsch rund um die Rialto-Brücke. Aber dahinter versteckte die Stadt ihr zweites, viel liebenswerteres Gesicht. Wir bummelten durch stille Gassen und am Zattere-Ufer entlang, wo sich die Wellen des breiten Giudecca-Kanals brachen. Im Cannareggio-Viertel hatten urige Schuhmacher und Bäckerläden den Boom ihrer Stadt überlebt, und im Wasser schaukelten die rot, blau, grün gestrichenen Schaluppen der Anwohner. Auf dem Campo S. Margherita spielten dick eingemummelte Kinder, als habe man den Platz besonders malerisch in Szene setzen wollen.

Paolo kannte einen besonders netten Ort gleich hinterm Fischmarkt, um unseren *giro d'ombre* zu beginnen: So nennen die Venezianer ihren traditionellen Rundgang zwischen kleinen Lokalen und Büdchen, in denen sie Wein und feine Häppchen namens *„cicheti"* erstehen; und dann essen, trinken und plaudern sie entweder an der Bar oder im Freien.

Wir hatten uns mit unseren Gläsern und den gemischten Tellern auf ein Mäuerchen am Canal Grande gesetzt. Gerade schipperte ein Müllboot vorbei und brachte die Gondelpartie von Japanern ganz erheblich zum Schwanken. „Wollt ihr was abhaben? Die Radicchio-Quiche ist wirklich köstlich!", sagte Terry. „Und diese Stockfischcreme erst. Hier, probier mal!", sagte Daniele, und ich biss von dem winzigen Brötchen ab. „Von mir aus könnten wir so etwas auch am Silvesterabend essen", erklärte ich, aber Paolo schüttelte bedauernd den Kopf. „Wir können fragen, aber ich glaube nicht, dass das geht. Silvester ist immer ein blödes Datum, wenn man auswärts essen will." – „Warum?", fragte ich. „Wollen die Restaurants nicht was verdienen?" – „Doch, gerade deshalb!", seufzte Paolo.

Bei unserem weiteren Spaziergang stellte sich heraus, dass Paolos Befürchtungen richtig waren, egal wo wir für den nächsten Abend einen Tisch reservieren wollten. Die kleinen Trattorien hatten oft geschlossen, weil die Besitzerfamilien selbst feiern wollten. Und in sämtlichen Restaurants konnte man sich nur verbindlich für die genannte *„cenona"* anmelden – ein festgelegtes, meist zehn- bis zwölfgängiges Menü, bei dem man bis weit nach Mitternacht tafeln würde, Wein, Sekt und Papphüte, teils auch späte Tanzmusik inbegriffen. Wir wollten das neue Jahr aber draußen auf der Piazza beginnen; und natürlich waren die opulenten Gelage auch sehr teuer. „Ist das in Rom denn genauso?", fragte ich. „Keine Spur besser", nickte Daniele. „Und egal, ob man zu Hause oder im

Restaurant feiert: Um Mitternacht muss man nach der ganzen Völlerei dann noch Linsen und *cotechino*[34] essen. Angeblich sorgen sie im neuen Jahr nämlich für Reichtum." – „Damit können wir dann wohl leider nicht rechnen", seufzte ich.

Letztendlich aßen wir am 31. einfach mittags warm, besorgten uns für den Abend frisches Brot, Käse und Schinken und blieben zunächst in unserer Pension. „Und jetzt haben wir noch eine ganz besondere Überraschung", sagte Terry und überreichte Daniele und mir mit einem breiten Grinsen jeweils ein Päckchen. Ich muss ziemlich blöd geschaut haben, als ich das Papier von meinem geöffnet hatte und eine nuttenrote, scheußliche Spitzenunterhose herausrutschte. „Was ist denn das? Steht mir im neuen Jahr eine Karriere als Pornostar bevor?", fragte ich halb entsetzt und halb belustigt. Daniele wedelte mit roten Boxershorts, die immerhin ohne Spitzenbesatz auskamen. „Keine Widerrede, die Dinger zieht ihr heute Abend an", sagte Paolo streng. „Wir haben uns auch schon ... ähm ... dementsprechend ausgestattet." – „Rote Unterwäsche in der Silvesternacht bringt Glück", versicherte mir Terry. „Wo's schon mit den Linsen nichts wird, sollten wir da kein Risiko eingehen, nicht wahr?"

Insgesamt schien der zwickende Slip noch eins der kleineren Übel zu sein, zumindest danach zu urteilen, was mir die vier Italiener auf unserer Bootsfahrt zurück nach Venedig sonst so von Silvester berichteten. „Früher hat man alte Gegenstände aus dem Fenster geworfen, als Zeichen für den Neuanfang", erzählte Paolo. „Aber das machen heute eigentlich nur noch die Neapolitaner, diese Knallköpfe. Ehrlich, in manchen Vierteln schmeißen die Leute noch immer alte Klos oder Schränke vom Balkon auf die Straße – alles Zeug, das sie eigentlich längst hätten zum Sperrmüll bringen müssen." „Und immer kommen Leute um oder verlieren ihre Hände, weil sie illegale Böller gekauft haben", fügte Daniele dazu.

In Venedig knallte es ebenfalls gewaltig, und der Lärm echote in den engen Gassen und ließ mich immer wieder zusammenfahren. Langsam schoben wir uns Richtung Markusplatz, wo das Gros der Feiernden hinströmte. Und da standen wir dann, dick eingehüllt, Musik wummerte aus großen Lautsprechern, hinter der Mole glitzerte das Wasser, und irgendwann begann der Countdown, *„... dieci, nove, otto ...!"*. „Das war ein schönes Jahr mit dir!", brüllte Daniele mir ins Ohr. „Ich bin wirklich froh, dass du nach Rom gekommen bist!" *„... sette, sei, cinque, quattro ...!"* „Ich auch! Ich bin auch froh! Ich hab den Umzug keine Sekunde bereut!", brüllte ich zurück. *„... tre, due, unoooooooooo .....!"* Und dann brach der ganze Platz in Jubel aus: Sektkorken knallten, Raketen zischten, Paolo und Terry hielten sich bereits eng umschlungen, und schließlich küssten auch Daniele und ich uns, lange und ausgiebig. „Frohes neues Jahr!", sagte er. „Frohes neues Jahr!", sagte ich. Ich war gleichzeitig glücklich und melancholisch. Wie würde das Jahr tatsächlich werden? Mir blieben nur noch fünf Monate in Rom, mehr als die Hälfte meiner Zeit dort war bereits vergangen. Und dann? Sollte ich dann wirklich nach Deutschland an die Journalistenschule gehen, worauf ich mich so gefreut hatte? Oder sollte ich in Rom bleiben, bei meinen neuen Freunden und bei Daniele, mit dem ich mich so unendlich wohlfühlte? Mein persönlicher Countdown hatte begonnen. Und ich war nicht sicher, ob es am Ende Grund zum Jubeln geben würde.

## Nachhilfe im Römisch-Sein,
## Teil 7: Sich von der *Befana* beglücken lassen

Sie denken tatsächlich, Sie hätten mit einem weiteren Familienessen am Neujahrstag die Feierei überstanden? Von wegen! Da haben Sie die Rechnung ohne die *Befana* gemacht. Die *Befana* ist eine in Deutschland völlig unbekannte, wohltätige Hexe. Als seien die Weihnachtsvöllereien nicht genug gewesen, besucht sie in der Nacht zum 6. Januar italienische Häuser und stopft braven Kindern (und besonders netten Erwachsenen) Süßigkeiten in ihre Strümpfe; die bösen bekommen Kohle.[35]

Falls Sie nun fürchten, Sie stünden als Neurömer nicht auf der Verteilerliste der Befana, ist das kein Problem. Gehen Sie einfach zur Piazza Navona! Da steht seit Dezember ein Befana-Markt, die römische Version eines Weihnachtsmarkts (sprich: lauter, bunter, nahrhafter). Die Buden bieten nichts Handgetöpfertes, keine Bienenwachskerzen, keinen Glühwein. Stattdessen gibt es hier Glitzerschmuck, Brötchen mit fettiger Porchetta, und eben vor allem Befana-Strümpfe – in Gelb-Rot für die Fans des A.S. Roma, in Blau-Weiß für Lazio-Anhänger, aus Samt und aus grobem Rupfenstoff, mit angetackerten Bärchen und aufgenähten *„Ti voglio bene!“*[36]-Botschaften. Sie baumeln an jedem zweiten Stand und sind meist so groß, dass man genug Kohle für ein stattliches Kaminfeuer hineinstopfen könnte – und gleichzeitig bleibt noch genug Platz, um den Empfänger ins Zuckerdelirium zu treiben.

# Januar – Verkehrsbe(un)ruhigt

*Achte Lektion, in der ich mich im Metro-Nahkampf stähle und einen mittleren Volksaufstand in der Buslinie 85 überstehe.*

Es REGNETE. Es regnete und war kalt. Das war zwar eigentlich auch in Rom im Januar nichts Besonderes, aber trotzdem taten die Einheimischen jedes Jahr aufs Neue, als seien Sintflut und Eiszeit gleichzeitig über sie hereingebrochen. „Mein Gott, schaut doch, draußen SCHNEIT es!", rief Michela eines Abends mit hysterischem Tremolo in der Stimme. Wir saßen gerade alle vier in der Küche und versuchten, unseren Kühlschrankfächern etwas Abendessentaugliches abzuringen. Wegen des schlechten Wetters hatte sich jeder um den Gang zum Supermarkt gedrückt. „Ich will dich ja nicht enttäuschen", sagte ich nach einem schnellen Blick, „aber ich fürchte, das da draußen sind nur ein paar Hagelkörner." „Ist doch auch eine Art Schnee, oder?", sagte Michela und legte eine runzlig gewordene Tomate auf den Tisch. „Wisst ihr noch, wie es 1986 in Rom geschneit hat?", sagte Martino verträumt. „Da war die ganze Stadt weiß, und wir haben schulfrei bekommen." „Klar weiß ich das noch! Wir sind extra zum schneebedeckten Kolosseum gefahren, weil mein Vater da unbedingt Fotos von uns machen wollte!", sagte Simona.

Nicht, dass sich so etwas in Rom oft wiederholen würde – aber ich war ganz dankbar, dass es nicht wirklich schneite. Ich mochte weißen, sauberen, duftigen Schnee. Aber es war klar, dass hier wenige Flocken genügen würden, um die ganze

Stadt ins Chaos zu stürzen und die Römer völlig durchdrehen zu lassen. Schon der Regen sorgte dafür, dass die Autos betont langsam über die Straßen schlichen und dass die Motorinofahrer – sprich: die halbe Stadt – fast vollzählig auf die sowieso stets überfüllten Busse und U-Bahnen umgestiegen waren. Die Pfützen verwandelten die Straßen nämlich in gefährliche Rutschbahnen, und außerdem könnte man ja, Gott bewahre, im Regen nass werden!

Nun hatte es sich inzwischen leider so ergeben, dass ich fast täglich zur Rushhour unterwegs war, obwohl mich eigentlich keine Bürozeiten dazu zwangen. Doch wenn ich am späten Nachmittag meine *Tesi* nicht mehr sehen konnte, nahm ich die Metro oder den Bus und fuhr zu Daniele in die Via Todi. Dort verbrachte ich den Abend, übernachtete auch fast immer; und am nächsten Morgen, zur allerbesten Pendlerzeit, ratterte ich dann wieder in die Via Palestro zurück, wo mein Schreibtisch wartete und tagsüber immer wenigstens einer meiner Mitbewohner zu Hause war. Auch um zu Radio Vatikan zu kommen, nahm ich den Bus. Ich war also ziemlich viel mit öffentlichen Verkehrsmitteln unterwegs – und übte mich unfreiwillig im Bus-Metro-Nahkampf, einer römischen Kampfsportart in vier Disziplinen. Leider war ich nicht sehr gut darin.

Rom ist wohl die einzige europäische Hauptstadt, die lediglich über zwei U-Bahn-Linien verfügt. Wo sich unter Paris, London und Berlin ein weit verzweigtes Tunnelnetz durch den Boden frisst und Millionen Pendler von Westminster zu Piccadilly Circus oder von Friedrichstraße zu Halleschem Tor bringt – da hat der Römer eine sehr beschränkte Auswahl: die Metrolinien A und B. Jahrzehntelang wurde diskutiert, ob nicht noch eine Linie C, vielleicht sogar eine vierte Trasse namens D hinzugefügt werden sollte. Aber gebaut wird erst seit

Kurzem, und ob und wann die nächste Metrolinie benutzt werden kann, ist längst noch nicht klar.[37] Alle paar Meter stoßen Bauarbeiter in Rom beim Graben nämlich auch auf archäologische Ruinen, und dann wird gestoppt, beraten, diskutiert und vertagt. Es gibt auch noch einige wenige Straßenbahnlinien. Doch der Rest des öffentlichen Nahverkehrs läuft mit schaukelnden, schnaufenden Bussen ab. Ihre Streckenführung ist für Rom-Anfänger kaum zu durchschauen, und sie scheinen allesamt keine Stoßdämpfer zu besitzen; jedenfalls hüpfte ich, wenn ich einmal einen Sitzplatz ergattert hatte, stets ungefähr einen halben Meter in die Luft, sobald der Bus über die holprige Via Nazionale raste. Ein Erlebnis war es auch stets, in einen der winzigen Elektrobusse zu steigen, die im abgasgeschwängerten Zentrum herumratterten. Man konnte in ihnen kaum aufrecht stehen, so dass ich mich immer wie Gulliver im Zwergenland fühlte, und ich war jedes Mal froh, wenn ich meine Haltestelle erreicht hatte.

Aber ich wollte ja beschreiben, wie ich mich täglich im römischen Bus-Metro-Nahkampf behauptete. Die Disziplinen lauten wie folgt. Erstens: **Tunnel-Sprint.** Ich weiß nicht, warum – aber sobald man im Bahnhof Termini die Ticketschranken überwunden hat, muss man unbedingt wahnsinnig hektisch werden, das habe ich inzwischen begriffen. Man muss die Treppen runterstürmen, die düsteren Gänge entlanghasten, dann die Rolltreppen hinabpoltern – bloß nicht stehen bleiben, nicht eine winzige Sekunde! Es ist, als wolle sich niemand länger als notwendig in diesem dunklen Röhrensystem aufhalten. Oder als hätten alle Angst, nicht mehr in die nächste Metro reinzupassen, wenn sie nicht sofort ihren Vordermann überholen. Das kann im Übrigen auch passieren: Zur Rushhour ist die Metro so voll wie ein Bierzelt auf dem Oktoberfest. Dementsprechend lautet die zweite Disziplin auch: **Selbstverteidigung.** Steht man schließlich dicht an dicht gequetscht im Metro-Waggon, gilt es, wenigstens seinen Griff an der Haltestange zu verteidigen und sich, ähnlich wie beim Sumo, möglichst nicht von seinem Platz wegschieben zu lassen. Das ist gar nicht so leicht, denn gleichzeitig müssen unbedingt Handtasche oder Rucksack umklammert werden. Macht sich ein Taschendieb da an meinem Hintern zu schaffen? Oder ein Grapscher? Oder hat sich da einfach nur eine Einkaufstüte verkeilt? Und: Wie lange kann ich noch weiter atmen mit den Haarspray-Locken der Signora vor mir im Mund? Dritte Disziplin: **Power-Drängeln.** Da man irgendwie ja wieder aus dem vollen Wagen rauskommen muss, fängt man also rechtzeitig vor der eigenen Haltestelle an, alle Menschen links, rechts, vor und hinter einem an der Jacke zu zupfen: *„Scende alla prossima?"* – „Steigen Sie bei der Nächsten aus?" Öffnen sich dann die Türen, ruft man laut *„Permesso! Permesso!"*[38] und setzt die Ellbogen, Regenschirm, zur Not auch hochhackige Schuhe ein. Besonders wichtig ist diese Disziplin auch im römischen Bus, denn bei ihm sind alle Ein- und Ausgänge streng voneinander getrennt, was Rombesucher oft nicht wissen und so den Zorn der Einheimischen auf sich ziehen. Rein geht's beim Fahrer und an der Tür ganz hinten, raus nur in der Mitte – wenn man bis dahin durchkommt. Durchsetzungsvermögen braucht auch, wer im Bus seine Fahrkarte abstempeln will, denn prinzipiell funktioniert nur der Automat am anderen Ende des voll besetzten Vehikels.

Die vierte und schwierigste Disziplin aber lautet: **Ausdauer.** Damit tat ich mich besonders schwer. In Deutschland begann ich ja schon mich zu ärgern, wenn eine Straßenbahn sechs Minuten Verspätung hatte. Römische Busse hingegen haben keinen Fahrplan, oder vielleicht wird der auch einfach nur nicht öffentlich gemacht, wer weiß. Jedenfalls kann man nie wissen, ob der Bus gleich um die Ecke biegt oder ob man inzwischen noch zum Zeitungshändler, auf einen Cappuccino in die nächste Bar, ja vielleicht sogar fast zum Frisör gehen könnte. Wie oft stand ich an der Piazza Venezia und starrte Richtung Via del Corso, aus der unablässig Busse heranfuhren, alle möglichen Nummern im zwei- und dreistelligen Bereich, bloß meine 85 nicht, verdammt. Kam sie doch, dann gern im Tross mit mehreren 85ern hintereinander, weil die Busfahrer an der Endhaltestelle zusammen Kaffee getrunken hatten und dann auch alle gleichzeitig wieder losgefahren waren. Ist ja auch viel geselliger. Zumindest verteilte sich die Schar der Wartenden dann auch auf drei Busse.

Im Gegensatz zur Metro hat der Bus allerdings auch einige unschätzbare Vorteile. Vor allem funktioniert dort nämlich die Verbindung zur Außenwelt. In der Metro wirken Römer oft dumpf, ja, richtig leblos, weil sie ihres liebsten Kommunikationsmittels beraubt sind: Ihr Handy, das *cellulare*, hat keinen Empfang![39] Im Bus hingegen klingelt, brummt und rappt es unentwegt polyphon; und dann zerren die Römer sehr fingerfertig ihr Handy aus der Tasche, selbst wenn sie zwischen Haltestangen, Aktentaschen und anderen Fahrgästen eingeklemmt sind, rufen unüberhörbar *„Pronto!"*, und der Spaß beginnt.

Öffentlich zu telefonieren war in Italien schon sehr verbreitet, als Handys in Deutschland noch als affig und unnütz galten. Das Mobiltelefon entspreche einfach dem italienischen Charakter, behauptete der bekannte Journalist Beppe Severigni: „Das Phänomen begann mit einer Form des Exhibitionismus (,Ich hab eins, du auch?'), entwickelte sich zum Konformismus hin (,Du hast eins? Ich auch!') und schließlich zu einer utilitaristischen Angelegenheit (,Alle haben eins: Es ist einfach unverzichtbar!')". Wäre ich Soziologe, dann würde ich meine Tage ausschließlich im römischen Bus verbringen und den Handygesprächen lauschen. Was da nicht alles besprochen wird! Scheidungsfragen, die Probleme des Nachwuchses mit dem Mathelehrer und die Affären der Nachbarin. Das Versagen der Politik. Die Urlaubspläne. Das unsägliche Schlangestehen letzten Samstag bei IKEA. Manchmal schloss ich während Busfahrten Wetten mit mir ab, ob ich bis zum Aussteigen bestimmte Phrasen hören würde. Mein Lieblings-Bus-Satz war: *„Butta la pasta, arrivo subito!"*, also „Wirf die Pasta ins Wasser! Ich bin gleich zu Hause!"; und ich schwöre, dass ich ihn mit einer Trefferquote von eins zu vier zu hören bekam, wann immer ich zur Mittag- oder Abendessenszeit unterwegs war.

Es gab nur weniges, was die Römer vorübergehend im Bus ihre Handygespräche unterbrechen ließ, doch die Aussicht auf einen kleinen Volkstumult gehörte definitiv dazu. So etwas fing immer ganz harmlos an: Ein Schlauberger hatte mal wieder in der zweiten Reihe geparkt und der Bus kam nicht vorbei. In der Linie 85 erlebte ich das mit schönster Regelmäßigkeit kurz hinter der Kirche San Clemente, wenn der Bus nach einer scharfen Linkskurve die Via San Giovanni in Laterano hochfahren sollte. Schon ein winziger falsch geparkter Cinquecento genügte dort, um alles zu blockieren. Meist handelte es sich aber um einen Sportflitzer oder, wie an jenem Januartag, um einen bulligen, glänzenden Geländewagen, also um Autos, die deutlich zeigten: Mein Besitzer glaubt, er kann sich mehr als andere erlauben – finanziell und auch sonst. Jedenfalls kam der Bus so nicht um die Ecke, und der Busfahrer kurbelte schwitzend das Lenkrad hin und her, bis er schließlich quer auf der Kreuzung stehen blieb und hupte. Hup-hup! Das war noch ziemlich entspannt und hieß in etwa: „Hallo, bitte wegfahren! Wir kommen hier nicht durch!" Natürlich hörte das der Zweitreihenparker aber nicht: Er war eine Straße weiter, wahrscheinlich bei einem Freund namens Giovanni, dem er dringend etwas vorbeibringen musste, oder in einer Bankfiliale, die wegen der grassierenden Grippewelle chronisch unterbesetzt war. Huuup-huuup! Der Busfahrer wurde langsam sauer. Huuuuuuuuup! Huuuuuuuuup! Das hieß jetzt: „Hey, scemo[40], fahr bloß mal zackig deine Dreckskarre weg!"

Die Fahrgäste fingen inzwischen an zu murren und sich gegenseitig aufzustacheln. „Unmöglich ist das!" – „Rücksichtslos!" – „Jeden Tag parkt hier einer, jeden Tag! Das sieht doch ein Blinder, dass dann keiner mehr durchkommt!" Eine bissige Alte schwang sich zur Wortführerin auf, ereiferte sich über die Gedankenlosigkeit, schwor, dass es mit Italien abwärts ging, forderte, das störende Auto aus dem Weg zu schieben. Zwei junge Männer stiegen auch tatsächlich aus, doch egal, wie sehr sie sich gegen den Geländewagen stemmten, bewegte sich dieser natürlich kein Stück. Also zündeten sie sich wenigstens Zigaretten an, um nicht völlig erfolglos zu uns in den Bus zurückzuklettern. Der Busfahrer hupte inzwischen völlig in Rage, Huuuuuuuuuuuuup, Huuuuuuuuuuuup, es hallte in der engen Straße, *Madonnina Santa*, wo war dieses Arschloch von Autobesitzer nur abgeblieben? Die rauchenden Jungmänner versuchten jetzt, mit großen Gesten dem Busfahrer beim Rangieren zu helfen, gut so, rechts, rechts, stopp, nochmals rückwärts einschlagen! Irgendwie musste es doch um die Kurve gehen – und wenn der Zweitreihenparker eine Schramme abbekäme, *va beh*, dann ließe sich das eben auch nicht ändern, oder? Doch da kam der Autobesitzer endlich angehastet. Der ganze Bus grölte, als er den Schuldigen erkannte. Der stieg in seinen Geländewagen und machte noch eine obszöne Geste zu uns Hysterikern im Bus, regt euch doch nicht so auf, ich war doch bloß mal eben um die Ecke! Dann brauste er weg, und die Bustüren schlossen sich mit einem Seufzer. Die 85 rumpelte die Straße hinauf, bis an der nächsten Ampel schon wieder ihr Vorwärtsdrang gestoppt wurde.

Ich hatte aber auch positive Erlebnisse mit den römischen Bussen, doch doch, die gab es auch. So war ich an einem Abend mit Francesca in der Spätaufführung gewesen, in einem kleinen Programmkino in der Gegend von Piazza Bologna. Es war schon nach Mitternacht, als wir uns an der Straßenecke verabschiedeten. Ich wollte die 492 nehmen, die mich fast bis zur Via Palestro zurückgebracht hätte. Fahrpläne gab es, wie bereits gesagt, für Busse nicht. Aber auf den Schildern der Haltestelle stand, wann die erste und wann die letzte Tour begann. Ich war hundemüde, und mir dämmerte langsam, dass ich den letzten Bus wohl bereits verpasst hatte. Unschlüssig stand ich im Nieselregen. Sollte ich laufen? Das wäre schon machbar gewesen, vielleicht zwei oder drei Kilometer, für römische Verhältnisse fast ein Klacks. Doch da hielt überraschend ein Bus vor mir. Die Lichter im Fahrgastraum waren bereits ausgeschaltet, an Stelle der Liniennummer stand „Deposito" vorn auf der Leuchttafel. „Auf dieser Strecke fährt jetzt nichts mehr!", rief mir der Busfahrer zu. „Ja!", antwortete ich etwas dümmlich. „Wo musst du denn hin?", fragte der Fahrer weiter. „Via Palestro!", antwortete ich. „Dann kann ich dich mitnehmen, das liegt auf meinem Weg zum Busdepot", sagte der Fahrer. Ich nickte, stieg ein, die Türen schlossen sich, und dann saß ich im Dunkeln und war plötzlich vollkommen wach. Wie blöd war ich eigentlich? Ganz alleine in einen dunklen Bus einzusteigen, der ins Depot zurückfuhr – oder wer weiß wohin? Kein Mensch wusste, wo ich war, und kein Mensch würde das jemals erraten. In meinem Kopf ratterte schon eine Sonderedition von „Aktenzeichen XY ungelöst" ab, junge Deutsche, spurlos verschollen in der Stadt Rom. Ich zückte mein Handy, schrieb eilig eine wirre SMS an Daniele: „Bin in ausgeschaltetem Bus, weiß das Kennzeichen nicht. Falls morgen nicht zu erreichen, bitte suchen!!!" Doch da bog der Bus auch schon um die Ecke der Via

Palestro, ich sah aus der Ferne das Neonschild des „Stargate" blinken. „Schönen Abend noch!", sagte der Fahrer, als er selbstverständlich die Bustüren öffnete. „Ja!", stammelte ich und torkelte ins Freie. Noch im Aufzug klingelte mein Handy, Daniele war von meiner SMS aufgewacht und machte sich Sorgen. „Alles ist o. k. Der Typ war nur einfach freundlich!", sagte ich. „Bist du sicher? Soll ich dich irgendwo abholen? Oder soll ich kommen?", fragte Daniele. „Nein, nein, ich bin schon an der Wohnungstür", gähnte ich. Und dann fiel ich ins Bett. Am nächsten Morgen schämte ich mich, weil ich mich nicht richtig bei dem netten Fahrer bedankt hatte, und beschloss, bei den nächsten fünf verspäteten Bussen besonders milde und geduldig zu sein.

„Du machst ja Sachen!", sagte Daniele am Abend darauf vorwurfsvoll. „Ich konnte nach unserem Telefonat gestern Nacht überhaupt nicht mehr einschlafen. Du solltest dir einfach den Renault leihen, wenn du spät abends allein unterwegs bist!" „Ja. Nein. Ach, du weißt doch, dass ich in Rom einfach nicht Auto fahren kann!", sagte ich beschämt. „Du hast es ja noch nie versucht", entgegnete Daniele. „Ich will es auch nicht versuchen!", sagte ich und fügte hinzu: „Hängst du denn gar nicht an deinem Auto?" „Ich hänge vor allem an dir", sagte Daniele, „und statt nachts in irgendwelche Geisterbusse einzusteigen, wäre es doch wirklich viel sinnvoller ..." Doch da kam Danieles österreichischer Mitbewohner Georg in die Küche, goss sich großspurig Rotwein ein und begann ungefragt, von einem „ganz, ganz bewegenden" Bertolucci-Film zu schwärmen, den wir unbedingt sehen müssten. Die Auto-Diskussion wurde vertagt, und ausnahmsweise war ich Georg dankbar.

Ich habe bereits erwähnt, dass ich eine schlechte Fahrerin bin. Meinen Führerschein habe ich an einem 23. Dezember gemacht, und bis heute vermute ich, dass der Prüfer einfach nur schnell und komplikationslos in die Feiertage verschwinden wollte. Ich fahre ganz gerne, wenn sonst niemand unterwegs ist: auf der Ringstraße in Island zum Beispiel, wo höchstens mal ein Schaf über die Fahrbahn trottet, oder in einem Städtchen wie Bonn am Sonntagmorgen gegen halb acht. Der Verkehr in Rom jedoch brachte mich schon ins Schwitzen, wenn ich nur untätig auf dem Beifahrersitz saß. Es war mir wirklich ein Rätsel, wie Daniele das machte: dem Spurwechsler auszuweichen, der sich spontan vor uns quetschen wollte; das von links heranrasende Motorino nicht umzunieten; den Überblick im Kreisverkehr zu behalten, in dem sich vier Autos nebeneinanderher schoben ... Auf dem *Raccordo*, der römischen Stadtautobahn, rasten Schlauberger gern forsch auf dem Standstreifen heran, um sich rechts an der Schlange vorbeizudrängeln. Blinken konnte man in Rom – aber man musste es nicht. Auch das Rot einer Ampel bedeutete hier nicht unbedingt Rot, sondern war eher Interpretationsfrage: Musste man wirklich wegen einer Fußgängerampel anhalten, wenn doch bei diesem Wetter/um diese Uhrzeit/an dieser Ecke eh kein normaler Mensch zu Fuß unterwegs war? Wohl kaum! Zum Schluss jeder Autofahrt stellte sich dann auch noch das Problem des Parkens. Ja, gut, man durfte in Rom „auf Anschlag" einparken, kein Mensch regte sich auf, wenn man beim Rangieren die Stoßstangen des Vorder- oder Hintermanns berührte. Aber ich hätte trotzdem wahrscheinlich im Durchschnitt zwei Stunden um den Block fahren müssen, um einen Parkplatz zu finden, in den auch ich hineingekommen wäre, während Daniele den Renault in winzigste Lücken manövrierte, rückwärts, an steilen Bergen, mitten im Verkehr ... es war unglaublich. Manchmal dachte ich daran, ihn zu „Wetten dass ..?" zu schicken.

Ich war also etwas erstaunt, als wir an einem Donnerstag

im Januar zu einem Abendessen mit Freunden fahren wollten und Daniele trotz strömendem Regen sagte, dass wir wohl
heute besser den Bus nehmen sollten. „Was ist los, ist das
Auto kaputt?", fragte ich. „Nein. Aber wir dürfen den Renault
heute nicht benutzen, weil sein Nummernschild ungerade
ist", seufzte Daniele.

Tatsächlich weiß jeder, dass die Luft in Rom nicht besonders sauber ist. Einmal habe ich probiert, auf meiner Fensterbank in der Sonne ein helles T-Shirt zu trocknen, weil ich es
später an diesem Tag anziehen wollte; und es hatte hinterher
schwarze Spuren, als hätte ich es als Abstaublumpen benutzt.
Die Stadt versucht dagegen vorzugehen, indem sie immer
wieder autofreie Sonntage ausruft; und offensichtlich sollten
nun bis Ende März an jedem Donnerstag nur noch abwechselnd Autos mit geradem beziehungsweise mit ungeradem
Kennzeichen fahren dürfen. „Funktioniert das denn?", staunte ich. „Für uns ist es heute ja kein Problem, den Bus zu nehmen. Aber was machen die Leute, die wirklich aufs Auto an-
gewiesen sind, weil sie zum Arbeiten ans andere Ende von
Rom müssen?" „Schwierig. *Bisogna arrangiarsi*"⁴¹, sagte Daniele schulterzuckend. Manche organisierten offenbar fluchend
Fahrgemeinschaften für diese Tage. Andere achteten beim
Autoanmelden darauf, dass sie innerhalb der Familie ein ge-
rades und ein ungerades Kennzeichen hatten, so dass wenigstens einer von zwei Wagen benutzt werden konnte.

Mit der freien Fahrt für freie Bürger war's in Rom eben nicht
weit her. Die Kennzeichenregelung war nur ein Detail aus einem unendlich komplizierten Katalog von Vorschriften, wer
wann und wo mit welchem Vehikel fahren durfte. Die Knei-
pengegend Testaccio beispielsweise war freitags und samstags nachts gesperrt, im Studentenviertel San Lorenzo variier-
ten die Verbotstage je nach Jahreszeit. Auch für die Teile des

historischen Stadtzentrums galten unterschiedliche Sperrzeiten. Natürlich gab es dann allerdings so viele Ausnahmen und Sondergenehmigungen, dass die Straßen trotzdem stets verstopft wirkten. Hätte ich's nicht besser gewusst, dann wäre ich nie auf die Idee gekommen, dass einige Gegenden in Rom verkehrsberuhigt sein könnten.

Wer überall hin durfte, waren nicht nur die Motorini – sondern auch die sogenannten Microcars, die seit einigen Jahren groß in Mode gekommen waren. Sie waren eine Art Leichtgewichtauto mit schwachem Motor, wurden nicht einmal 50 Stundenkilometer schnell, und man durfte sie schon mit 14 fahren, ohne den Führerschein gemacht zu haben. Vor allem aber waren sie auch im Zentrum zugelassen und parkten dort kreuz und quer in den Gassen, leicht zu erkennen an ihrem winzigen, rechteckigen Nummernschild. „Das wäre doch was für mich, wo ich kein richtiges Auto fahren will", sagte ich zu Daniele, als wir an jenem Abend schließlich mit Bus, Bahn und Regenschirmen bei unserer Pizzeria eingetroffen waren, vor der gleich zwei der Miniautos parkten. „Der Traum eines jeden römischen Schickimicki-Töchterchens!", sagte Daniele sarkastisch. „Dann musst du dir aber auch noch Strähnchen färben lassen und brillantenbesetzte Klimperanhänger an dein Handy dranmachen." „Die Miniautos sind doch gar nicht so dumm", erklärte ich. „Im Gegensatz zu einem Motorino hat man bei einem Unfall wenigstens ein bisschen Blech um sich herum." „Aber auch nur ein bisschen", sagte Daniele. „Und die Microcars fahren auf den gleichen unübersichtlichen Straßen wie die größeren, schnelleren Autos, ohne dass ihre Fahrer es jemals gelernt hätten." „Also hilft mir das auch nicht weiter?", fragte ich. „Nein, *bellezza*, das nützt nichts", sagte Daniele bedauernd. „Entweder musst du im Renault üben – oder ich chauffiere dich eben weiterhin persönlich durch die Stadt." „Zumindest an Tagen, an denen

es dein Nummernschild erlaubt", sagte ich. „Dann ganz bestimmt", sagte Daniele. Und dann traten wir endlich in die
warme, trockene Pizzeria, um unsere Freunde zu treffen –
und um viel zu essen, wie immer.

## Nachhilfe im Römisch-Sein
## Teil 8: Die Straße überqueren

Es hört sich banal an – aber haben Sie schon einmal in Rom versucht, die Straße zu überqueren? Nicht an der Fußgängerampel, das ist was für Anfänger – auch wenn so eine Ampel natürlich nie als Garantie betrachtet werden kann, dass ein Auto auch tatsächlich für Sie hält, bloß weil da forsch-freundlich *„Avanti!"* für Sie aufleuchtet. Die wahre Kunst ist sowieso, ampel- und unfalllos über eine mehrspurige Straße zu kommen: Hier trennt sich die Spreu vom Weizen, hier unterscheidet sich der Römer vom Zugereisten. Geeignet zum Üben ist die Piazza Venezia: praktisch im Zentrum gelegen, verkehrsumtost, aber die Autofahrer rechnen schon halb mit trotteligen Touristen. Für Notfälle steht außerdem ein Polizist auf dem kreisrunden Podest bereit, der mit weißen Handschuhen den Verkehr so virtuos dirigiert wie einst Karajan sein Orchester. Wie Sie jetzt rüberkommen? Tief Luft holen, dem heranbrausenden Autofahrer entschlossen ins Gesicht sehen – und loslaufen. Ja, das ist gruslig! Und: Nein, Sie werden schon nicht überfahren! Mit größter Wahrscheinlichkeit jedenfalls nicht ... Jetzt gilt es, immer forsch weiterzulaufen, bloß nicht anzuhalten, bloß nicht zu zaudern. Die Autos rasen heran, bremsen, verzögern, schlagen Haken – aber Sie sind hoffentlich inzwischen auf der anderen Straßenseite angekommen. Senden Sie ein kleines Stoßgebet an die Madonna oder an Padre Pio – und dann versuchen Sie das Ganze nochmals.

# Februar – Falsche Marokkaner

*Neunte Lektion, in der ich unnütz viele Regenschirme kaufe – und feststelle, wie viel Armut sich hinter Roms prächtiger Fassade verbirgt.*

IN DER VIA PALESTRO gab es außer den Pensionen auch einen uralten Optiker, eine kleine Kaffeebar, einen Copyshop – und Giorgio, den ungewöhnlichsten Obdachlosen Roms. Er war ein hagerer Mann, meist im zerlumpten braunen Mantel, und wenn man ihm im Vorbeigehen zunickte, dann hob er die Hand zum Gruß, falls er nicht schon zu viel Fusel getrunken hatte und dumpf vor sich hinstarrte. Das hört sich nicht besonders ungewöhnlich an? Ist es bis dahin auch noch nicht. Was Giorgio von den anderen Obdachlosen unterschied, war, dass er seine Tage und Nächte in einem schwarzen Smart verbrachte – in einem dieser unförmigen, winzigen Design-Autos, das die Römer besonders gern fahren, weil es in jede Parklücke passt. Der Smart stand fast immer schräg links vor unserem Eingangstor, und Giorgio saß darin, als wolle er gleich losfahren und zu einer Spritztour aufbrechen, was er aber nur in den seltensten Fällen tat. Im Sommer hatte er die Fenster heruntergekurbelt und ließ die Beine an der Fahrerseite auf den Gehsteig baumeln, im Winter kuschelte er sich in eine schmutzige Decke. Manchmal war Giorgio auch für ein paar Stunden zu Fuß unterwegs, und dann lugte ich beim Nachhausekommen in sein Auto hinein, wo die Polster immer fleckiger wurden und sich leere Flaschen und Konservenbüchsen, Klamotten und zerknüllte Zeitungen stapelten.

„Ist dir schon mal der Obdachlose unten aufgefallen – der alte Mann im Smart?", fragte ich Simona. „Na klar. Der ist ja nicht zu übersehen", antwortete sie etwas einsilbig. In der Küche lief – wie so oft – gerade der Fernseher, und Simona schaute eine Telenovela, in der alle Darsteller sehr schnell redeten und dauernd miteinander im Bett landeten. „Ist doch merkwürdig, dass er ein Auto hat, findest du nicht?", fragte ich weiter. „Und dann auch noch einen Smart. Abgesehen davon, dass der völlig unpraktisch zum Schlafen ist – wie ist er bloß an den rangekommen? Man bekommt doch nicht einfach ein Auto geschenkt wie eine heiße Suppe in der Armenküche ..." Werbepause, italienische *Bambini* bejubelten eine Torte, die dank Backpulver Paneangeli so leicht geworden war, dass sie fast zu fliegen vermochte. Simona stellte endlich den Ton leise. „Ich weiß, warum er ein Auto hat", sagte sie. Offenbar waren wir nicht die Einzigen, denen Giorgio aufgefallen war: Ein Journalist hatte ihn vor einigen Monaten besucht, über sein Leben befragt und dann einen kleinen Artikel im Lokalteil geschrieben, den wiederum Simona gelesen hatte. „Seine alte Mutter ist wohl bei einem Brand umgekommen", erzählte sie mir, „und seitdem hält er es nicht mehr in der Familienwohnung aus. Zumindest hatte er aber noch Geld genug, um sich ein Auto zu kaufen. Und seitdem parkt er eben in der Via Palestro."

In der Nacht träumte ich, dass plötzlich der Smart bei mir im Zimmer stand, groß wie ein Elefantenbulle, und Giorgio saß auf seinem Dach, trat mit den Schuhen gegen die Windschutzscheibe und grölte: „Ich will Paneangeli-Torte! Paneangeli! Die ist so leicht, dass sie fliegt!" Als mich kurz darauf ein Höllenlärm weckte, dauerte es ein paar Sekunden, bis ich verstand, dass der arme Obdachlose wohl wie immer unten frierend in seinem Auto kauerte; und dass das Gepolter und das Gegröle mal wieder von den Hostelgästen über mir kam.

Ich sprang schlaftrunken und wütend zugleich Richtung Wohnungstür, um diesen Rabauken die Leviten zu lesen. Dann sah ich im Licht des Treppenhauses meine nackten Füße und zögerte. Im Schlafanzug vor betrunkenen Teenagern – ich würde mich nur lächerlich machen. Dankbarerweise kam gerade der nickelbebrillte Lehrer die Treppe herabgetorkelt. Er war allein, offenbar ebenfalls angeschäkert und damit ein leichtes Ziel. „Sind das Ihre Schüler, die diesen Lärm machen?", zischte ich auf Englisch. „Was denken Sie eigentlich! Es ist fast zwei! Hier wohnen auch Leute, die gerade keinen Urlaub haben." Der Lehrer (ein Däne?) hob sichtlich hilflos die Schultern und stammelte: „*I'm so sorry, Madam*, alles ist außer Kontrolle. Ich kann nichts machen, wirklich, mir sind die Hände gebunden!" „Weichei!", murmelte ich, als ich nach der Szene wieder ins Bett fiel. Die Wut war verpufft, der merkwürdige Traum fast vergessen. Und beim Einschlafen fragte ich mich, warum die Abiturienten nie zum Feiern in die Clubs am Testaccio gehen durften, anstatt sich zwischen den Hochbetten zu betrinken. Sie hätten sicher mehr Spaß gehabt – und wir unsere Ruhe.

Ein paar Tage später sah ich, dass Giorgio in einem anderen Auto saß, in einem eierschalenfarbenen Fiat Panda. Seinen Smart gab es freilich immer noch, er parkte direkt vor der Neuerwerbung. „Giorgio hat angebaut", sagte Simona. „Ob er jetzt wohl ein Auto für den Tag und eins für die Nacht benutzt?" „Armer Kerl", seufzte Michela. „Und er wirkt immer verwirrter, ist euch das auch schon aufgefallen?"

Dass Obdachlose sich einen Zweitwagen leisten, ist natürlich keinesfalls normal. Und schon gar nicht in Rom. Im Gegenteil. Je länger ich in der Ewigen Stadt wohnte, desto auffälliger wurden ihre Schattenseiten, über die ich bei früheren Stippvisiten hinweggesehen hatte – geblendet von Roms Schönheit, die so viel mehr ins Auge sticht. Durch die U-Bahn-

Waggons wankten Lumpenkinder, das dudelnde Keyboard in der einen Hand, den Sammelbecher in der anderen. Vor jeder Kirche, aber auch vor Supermärkten und Bäckern saßen Bettler und baten um Geld oder wenigstens um ein Stückchen Brot, *„un pezzo di pane, per cortesia!"* Manche knieten sich auch mitten auf den Gehweg, den Kopf gesenkt, als könne nur eine derart unbequeme Büßerhaltung das Mitleid der Vorbeihastenden erzwingen. Und sobald die Dunkelheit hereinbrach und die Römer beim Abendessen saßen, begann für die Heerschar der Obdachlosen eine weitere schwierige Nacht. An der Längsseite von Termini, weit weg vom Touristenstrom und den uniformierten Wachleuten, schliefen sie auf Pappkartons. Vor allem Frauen hingegen bevorzugten die zugigen Säulengänge am Petersplatz, weil sie die für etwas sicherer hielten. Manche *barboni*[42] konzentrierten sich auch auf normale Wohnviertel, wo sie irgendwann Matratzen im Müll gefunden hatten und diese seitdem nachts aus ihrem Versteck zerrten. Und an einigen Stellen des Tiberufers hatten sich richtige Barackenlager gebildet, im Schlamm, bedroht vom Hochwasser, mitten unter den Ratten, die dort ebenfalls hausten und sich über die zweibeinigen Eindringlinge wahrscheinlich wunderten.

Das Verhältnis der Römer zu den Armen in ihrer Stadt war gemischt. Manchmal schienen sie kaltschnäuzig – vor allem im Umgang mit den *zingarelli*[43], den bettelnden Kindern und Frauen, die zum fahrenden Volk, zu einem der unzähligen Roma-Clans gehörten. Oft jedoch sah ich auch, wie schicke Anzugträger einem Obdachlosen Geld in die Hand drückten, genauso wie alte Frauen, die selbst wahrscheinlich kaum von ihrer Rente leben konnten. Im Freiwilligenwerk Sant'Egidio krempeln mehrere tausend römische Lehrer, Arbeiter, Sekretärinnen und Rechtsanwälte die Ärmel hoch, betreiben die größte Armenküche der Stadt und betreuen Aidskranke ebenso wie vernachlässigte Schulschwänzer. Und selbst die Bürokraten zeigen bisweilen ihr gutes Herz und finden kreative Lösungen, um die Lage der Ärmsten zu verbessern. „In Rom haben sie zum Beispiel vor einigen Jahren eine virtuelle Straße namens Via Modesta Valenti eingerichtet", erzählte Daniele, als ich mich eines Abends mit ihm über die Armut in Rom unterhielt. „Du findest sie natürlich auf keinem Stadtplan, aber Obdachlose können sich dort registrieren lassen. Die haben ansonsten ja keine *residenza* – keinen Erstwohnsitz – und ohne die hast du auch keinen Anspruch auf Sozialleistungen oder auf medizinische Hilfe." „Schlau!", sagte ich. „Und warum heißt die Straße Modesta Valenti?" „Das war eine bekannte Obdachlose in Rom, die irgendwann in der Nähe von Termini gestorben ist", sagte Daniele. „Muss in den 80ern gewesen sein, ich war damals noch in der Schule. Die Frau ist kollabiert, aber der herbeigerufene Krankenwagen wollte sie stundenlang nicht transportieren, weil sie so schmutzig war und gestunken hat. Ihr Tod war damals ein ziemlicher Skandal."

Wann immer es sich ergab, begann Daniele, mir die weniger schönen Seiten seiner Heimatstadt zu zeigen. Wenn wir etwa bis spät bei Freunden waren und mit dem Auto Richtung Raccordo Annulare fuhren: „Schau, die drei da hinten, bei der Brücke ... Straßenstrich. Transvestit – Nutte – Nutte."[44] Oder wenn wir mit dem Renault an einer der winzigen Tankstellen hielten, die nur aus einer Zapfsäule bestanden und eigentlich zur Selbstbedienung gedacht waren. Dann flüsterte er, dass das jetzt keineswegs ein offizieller Tankwart sei, der uns netterweise helfen wolle. „Das ist ein Illegaler, der auf ein Trinkgeld hofft, wenn er die Autos betankt, so dass sich die Fahrer nicht die Hände schmutzig machen müssen." Und laut sagte er *„Grazie! E buonanotte!"* und reichte dem Pseudo-Tankwart ein paar Münzen durchs Fenster.

Kaum zu übersehen hingegen waren die fliegenden Händler, vor allem im Altstadtzentrum. Wenn wir dort im Restaurant beim Essen saßen, kamen ununterbrochen Rosenhändler an den Tisch, mindestens ein halbes Dutzend, bevor auch nur das Hauptgericht serviert war. „Vielleicht sollten wir uns Schildchen machen", seufzte ich. „Für dich so etwas wie: ‚Bin unromantisch und gefühlskalt' oder ‚Bloß keine Rosen! Will heute Abend noch Schluss machen!'" „Und du könntest es probieren mit ‚Rosenallergie. Bekomme Eiterpustel und Haarausfall'", schlug Daniele grinsend vor.

Interessant fanden wir allerdings beide, dass sich die unterschiedlichen Händlernationen auf verschiedene Geschäftsfelder konzentrierten: Die Rosenverkäufer stammten beispielsweise meist aus Indien oder Bangladesch. Fast genauso oft kamen Chinesinnen an die Tische, die billige Feuerzeuge, blinkende Plastikkätzchen und knallbunt bedruckte Halstücher in ihren Bauchläden hatten. Auf der Straße hingegen breiteten vor allem Afrikaner ihre Waren aus: gefälschte Handtaschen von Gucci und Louis Vuitton; Sonnenbrillen, die auf einem wackligen Tisch aus Karton bereitlagen; und Raubkopien von Filmen, die noch nicht offiziell auf DVD erschienen waren. Die Römer nannten diese Händler oft abschätzig *marocchini,* obwohl natürlich nur die wenigsten tatsächlich aus Marokko kamen. Eine andere wenig freundliche Bezeichnung war *vucumprà*: So etwa hörte es sich nämlich an, wenn sie mit ihrem zweifelhaften Italienisch Passanten anquatschten: *„Vuoi comprare?"*, „Willst du kaufen?" – *„Vucumprà?"*

Einer der Lieblingsplätze der Straßenhändler war die Engelsbrücke, fast genau gegenüber von Radio Vatikan. Und wann immer ich nach einem Arbeitstag nicht den Bus nahm, sondern ins Zentrum wollte, marschierte ich zwangsläufig durch den illegalen Straßenbasar. So auch an einem trüben Dienstagnachmittag im Februar. Gruppenreisende standen unschlüssig auf der Brücke herum, weil sie gerade nach absolvierter Petersdombesichtigung bis zum Abendessen freibekommen hatten. Man konnte sie leicht an ihren postgelben Halstüchlein erkennen, die sie während der Führungen tragen mussten, damit sie im Touristengewimmel nicht den Anschluss verlören. Zwei Stuttgarterinnen hatten sich von der Herde abgesondert, den falschen Marokkanern genähert; und ein Händler hatte ihnen eine angebliche Gucci-Tasche in die Hände gedrückt. Die befühlten sie nun mit Kennermine und hängten sie sich abwechselnd über die Schulter. „Schee isch se scho, oder?", sagte die eine. „Moinsch, die isch echt?" [45] „Woiß net", antwortete die andere – und natürlich weiß man wirklich nie. Vielleicht hatte der Händler sie ja günstig im Gucci-Fabrik-Outlet erworben, ein Auslaufmodell, genau, und deshalb kostete die Originaltasche hier 30 anstatt der sonst üblichen 500 Euro ... Aber klar doch, die Damen, Träumen ist erlaubt! Bloß: Ist es nicht wahrscheinlicher, dass der illegal in Rom lebende Afrikaner die Tasche nicht von Gucci hat, sondern von einem kriminellen Zwischenhändler? Und dass dieser sich die Ware wiederum über mafiöse Kreise in Süditalien beschafft, wo täglich Containerschiffe mit asiatischen Markenimitaten ankommen?

Plötzlich Sirenengeheul, ein Polizeiauto raste heran, drei Beamte sprangen heraus. Und ratzfatz – so schnell, wie wir alle kaum schauen konnten – klappten die Kartons mit den Sonnenbrillen zusammen, wurde das Betttuch mit den Piraten-DVDs zusammengerafft, und der Gucci-Afrikaner riss den Schwäbinnen die Tasche aus den Händen und rannte mit seinen Kollegen davon, ans andere Ende der Engelsbrücke, wo er abwartend unter den Bäumen stehen blieb. Die Polizisten bemühten sich nicht, die Verfolgung aufzunehmen. Das regelmäßige Katz-und-Maus-Spiel hatte mehr symbolischen Wert.

Am Wochenende darauf waren wir bei Maurizio und Sonia eingeladen, den Jungvermählten, die sich inzwischen in ihrer neuen Wohnung eingerichtet hatten. „Kommt rein, kommt rein!", knarzte Maurizios Stimme gut gelaunt über die Gegensprechanlage. Wir stiegen in den kleinen Aufzug, ratterten in den fünften Stock und standen kurz darauf – Küsschen links, Küsschen rechts – im nagelneuen Wohnzimmer, wo Sonia Gläser für einen Willkommenstrunk aus der Vitrine holte. „Schön habt ihr's hier", sagte ich, und war mir nicht sicher, wie ehrlich ich es meinte. Die Einrichtung war unendlich gediegen: dunkle Holzmöbel, mit grünem Samt gepolsterte Stühle, Trockenblumen, dazu ein großer Flachbildfernseher ... Es hätte auch die Wohnung von Sonias Eltern sein können, und in der Tat wohnten die auch, wie Maurizio erklärte, genau gegenüber. Zumindest hatte das Sonias Umzug vereinfacht, dachte ich; und sobald irgendwann Kinder anstünden, könnten leicht die großmütterlichen Babysitting-Dienste in Anspruch genommen werden, wie das in Rom sehr verbreitet war. Es klingelte, Paolo und Terry kamen mit Blumen und Wein. Und bald saßen wir schmausend um den neuen Tisch, priesen zu Recht Sonias Kochkünste, lauschten Erzählungen von der Hochzeitsreise ... Und nach dem Likör sahen wir ein dickes Lederalbum mit Hochzeitsfotos an, und den dazugehörigen Film, den die Profis gedreht und geschnitten hatten. Maurizio hatte die Lichter ausgedreht, um Kinoatmosphäre zu schaffen. Ich knuffte Daniele zwischendurch in die Rippen, weil er wieder und wieder zum Verdauungsschläfchen wegzunicken drohte. Zugegeben, die Hintergrundmusik war etwas schmalzig, und zum Schluss hatte der Cutter noch ein Zeichentrickfeuerwerk eingebaut, in das die beiden Brautleute versonnen starrten wie am Happy End eines Walt Disney Films ... Aber ich war ordnungsgemäß gerührt und versicherte gern nochmals, was für eine wunderschöne

Braut Sonia doch gewesen sei und wie gut mir die Hochzeit gefallen hatte.

„Sag mal, Maurizio, ich wollte dich noch was ganz anderes fragen", sagte ich später, als ich dem Hausherrn beim Tellereinräumen in die Spülmaschine half. „Du bist doch bei der Polizei, nicht wahr? Ich hab diese Woche mal wieder zufällig gesehen, wie Polizisten eine Reihe von illegalen Straßenhändlern aufgeschreckt haben. Und dann schienen sie plötzlich überhaupt nicht mehr daran interessiert, auch tatsächlich jemanden zu verhaften." Maurizio seufzte und streckte sich. „Ehrlich gesagt: Ich hab in diesem Bereich nie gearbeitet, und ich kenne mich nicht besonders damit aus", sagte er. „Aber die Strategie ist wohl eher, dass es zwischendurch groß angelegte Razzien gibt, die nicht nur auf die Händler zielen, sondern auch auf die Hintermänner. Dann gibt es viele Verhaftungen, und große Mengen von dem Fälschungsschrott werden beschlagnahmt. Hast du etwa Piratenware gekauft?", fragte er plötzlich streng. „Ich? Ach was!", sagte ich, obwohl ich bei den schwarz gebrannten DVDs schon öfter in Versuchung geraten war. „Ist besser so", sagte Maurizio. „Theoretisch werden nämlich auch die Kunden bestraft. Vor einer Weile musste eine Dänin in Norditalien 10.000 Euro Bußgeld bezahlen, weil sie eine gefälschte Markensonnenbrille gekauft hat. Ganz schön happig, oder?"

In der Tat – ganz schön happig. Und als ich näher darüber nachdachte, fiel mir auf, dass es sehr wohl etwas gab, was ich regelmäßig bei den fliegenden Händlern kaufte: Regenschirme. Keine Markenfälschungen, sondern hässliche schwarze Automatik-Knirpse. Anfangs entfalteten sie sich noch ächzend, wenn man einen silbernen Plastikknopf drückte; aber spätestens nach dem dritten Mal klemmten sie, so dass man fluchend mit ihnen im Regen stand und sie von Hand auseinander ziehen musste. Obwohl ich die Dinger abgrundtief hasste, besaß ich inzwischen mindestens ein halbes Dutzend davon, denn wenn es in Rom regnet, dann regnet es richtig: Das Wasser gießt so heftig vom Himmel, dass man innerhalb von zwei Minuten durchweicht ist bis zur Unterwäsche. Natürlich kommen solche Güsse auch meist noch überraschend, und die Einzigen, die dann Schirme haben, sind die Straßenhändler. Ich habe mich oft gefragt, wie sie das machen: Haben sie in der gesamten römischen Innenstadt versteckte Regenschirmdepots, zu denen sie flitzen, sobald der erste Tropfen fällt? Dann sind Markentaschen und bellende Plüschhündchen nämlich innerhalb weniger Minuten verschwunden und die Händler lauern triumphierend an den U-Bahn-Ausgängen und an großen Kreuzungen. *„Ombrella? Ombrella?"*, wer braucht hier 'nen Schirm? Je nach Stärke des Regens fordern sie für einen Schrott-Knirps dann fünf bis fünfzehn Euro – und je nach Kleidungsdicke und noch zurückzulegendem Weg ist man durchaus bereit, die zu bezahlen.

Es ist sicher nicht einfach, sich in Rom durchzuschlagen; aber man kann nicht sagen, dass die *clandestini*[46] dort nicht wüssten, wie sie Geschäftslücken nutzen könnten. Die Regenschirme sind da ja nur ein kleines Beispiel. In großem Stil hingegen beherrschen sie das Altenpflege-Business rund um den Tiber. Der Römer lebt ja bekanntermaßen gesund: nicht allzu viel Fleisch, dafür regelmäßig Fisch, bestes Olivenöl und viel Gemüse, und zum Schluss natürlich *la frutta*; ohne saftiges Obst ist keine Mahlzeit komplett. Kein Wunder, dass Italien zu den Ländern mit der höchsten Lebenserwartung weltweit gehört. Gleichzeitig ist es allerdings verpönt, die pflegebedürftigen Eltern oder die tattrige, alleinstehende Tante im Altersheim unterzubringen – und es gibt auch nur wenige, teure Plätze. Was also tun? Die Rentner in ihrer eigenen Wohnung betreuen. Und weil das bei allem guten Willen nicht allein zu schaffen ist, wenn man nebenbei arbeiten und eigene Kinder versorgen muss, wird eine Osteuropäerin einquartiert – als sogenannte *badante,* als Privat-Altenpflegerin. Mehr als 1,2 Millionen *badanti* soll es inzwischen in Italien geben; über die Hälfte von ihnen arbeitet schwarz und hat keine Aufenthaltsgenehmigung.[47] Sie reisen zumeist mit einem Touristenvisum ein, lassen sich von einer Freundin an eine Familie vermitteln, und wenn die erlaubte Zeit vorbei ist, bleiben sie einfach illegal. Dann sieht man sie noch, wie sie ihre vergreisten Schützlinge langsam durch den Park an der Ecke führen, und vielleicht treffen sie sich dort auf einen weißrussischen Schwatz mit einer anderen Badante. Ansonsten verschwinden sie in den Wohnungen der römischen Rentner, die sie rund um die Uhr betreuen, für Kost und Logis und vielleicht 800 Euro im Monat.

Ich kannte eine solche Altenpflegerin flüchtig: Nina, eine zarte Ukrainerin von etwa vierzig Jahren. Ehrlich gesagt war ich nicht sicher, ob sie wirklich so hieß oder ob sie sich nur so nennen ließ, weil der Name schön eingängig war. Sie betreute Martinos Großtante Gloria – mit bewundernswerter Geduld und Hingabe, denn die Großtante war mit dem Alter nicht nur schwerhörig, sondern auch etwas biestig geworden. Mit Nina hatte sie allerdings ihren Frieden gemacht, jedenfalls eher als mit ihrem Neffen, der ihrer Meinung nach viel zu selten zu Besuch kam. Deshalb ließ sie sich alle paar Wochenenden in die Via Palestro begleiten. Martino wuselte dann vorher angespannt durch die Küche, wienerte den Herd und wischte über die Wachstischdecke, während er sonst gut und gern auch für mehrere Tage verkrustete Tellerstapel übersehen konnte. „Jetzt lass deiner Tante doch das Vergnügen, dass sie sich über die Unordnung hier beschweren kann", brummte Michela. „Worüber willst du denn sonst mit ihr reden? Wie Lazio gestern gegen Juventus verloren hat?"

In Wahrheit ging Großtante Gloria selten der Gesprächsstoff aus. *„Cioa zia!* Komm rein! Wie geht es dir?", krächzte Martino, als die Tante sonntags wieder einmal gemeinsam mit Nina vor der Wohnungstür stand. Martino war am Vorabend mit Freunden aus gewesen, und wahrscheinlich hatten sie in einer der lauten, abgewrackten Studentenbars in San Lorenzo nicht nur viel Wein getrunken, sondern auch sehr ausführlich über Heidegger, die schlechten Arbeitsmarktaussichten und die Merkwürdigkeit der Frauen geredet. Jedenfalls war Martino stockheiser. „Hä? Sprich lauter, Junge!", antwortete dementsprechend Großtante Gloria. „Ich kann nicht!", flüsterte Martino. „Lauter!", rief Gloria. „Ich kann nicht!", hauchte Martino. „Ihr Neffe krank ist, Signora", mischte sich endlich Nina ein, in holprigem Italienisch zwar, aber laut genug für die Tante. Die nickte, als könne man von der heutigen Jugend ja nichts anderes erwarten, und dann humpelte sie Richtung Küche.

Martino hatte mir Ninas Geschichte erzählt, und wenn ich interessiert nachfragte, verriet sie selbst mir erstaunlich freimütig Einzelheiten über ihren Alltag als Illegale. Nina war eigentlich Grundschullehrerin, und das war typisch, denn ein guter Teil der Badanti hatte eigentlich einen höheren Schulabschluss oder sogar ein Universitätsdiplom. Das Lehrerinnengehalt in der Ukraine war mies, ihr Mann fand als Maurer nur Gelegenheitsjobs, und gemeinsam träumten sie davon, einen kleinen Laden in ihrem Dorf zu eröffnen, so dass die Einwohner nicht immer für ihre Besorgungen bis zur nächsten Stadt fahren müssten. Träumen ist schön und gut, aber für die Umsetzung brauchten sie Geld. Und das war im Ausland leichter zu bekommen als in der Ukraine. „Das erste Mal reisen – alles ist sehr einfach", sagte Nina. Auch sie war mit einem Touristenvisum nach Italien gekommen. Zunächst hatte sie schwarz als Erntehelferin auf einer Kiwiplantage bei

Neapel gearbeitet. Dann hatte eine Bekannte sie Martinos Familie vorgestellt. Zugegeben, Zia Gloria war launisch und anstrengend – aber Nina war trotzdem dankbar für diese Stelle. Teil der Abmachung war nämlich, dass nicht nur sie, sondern auch ihr Mann kostenlos in der Tantenwohnung leben konnten. Gloria war kein Pflegefall, aber wer wusste schon, ob sie nachts nicht doch einmal Hilfe brauchen würde? Und so reiste auch Ninas Mann mit einem Touristenvisum nach Rom, wo er sich fortan schwarz als Handlanger auf diversen Baustellen verdingte.

Aber die Kinder, Nina, was war mit den Kindern? „Ah, die Kinder", sagte sie und wiegte sorgenvoll den Kopf. „Mit dem Großen geht gar nicht gut in der Schule. Gestern ich habe Brief von meiner Schwester bekommen. Willst du ein Foto sehen?" Und sie zog einen Umschlag aus ihrer braunen Handtasche, in dem zwei Bilder ihrer Kinder steckten, ein mausgesichtiges Mädchen mit dünnen Zöpfen und ein streng dreinblickender Junge, vielleicht zehn und zwölf Jahre alt. Die beiden lebten jetzt schon seit fast zwei Jahren bei ihrer Tante, zu Hause im Dorf, denn so lange waren ihre Eltern inzwischen schon in Italien. Noch ein weiteres Jahr, schätzte Nina, würden sie schon bleiben und sparen müssen.

Einmal waren sie in dieser Zeit zurück in die Heimat und dann wieder nach Rom gereist. Natürlich nicht mehr auf normalem Weg mit dem Zug oder Bus, sondern von Schleusern im Zickzack über den Balkan und merkwürdige Drittländer. Teuer sei das gewesen und gefährlich, sagte Nina. Und eine ihrer Taschen voller Geschenke für die Familie zu Hause sei dabei gestohlen worden. „So schade, die Kinder waren so enttäuscht", sagte sie kopfschüttelnd. *„Quanto mi sono incazzata."*

Ups – das böse c-Wort.[48] Nina hatte es voller Unschuld gesagt, doch es war Tante Gloria natürlich nicht entgangen, trotz angeblicher Hörschwäche. Bisher hatte die Tante sich auf ihren Tee konzentriert und auf die Befragung Martinos, wann er denn endlich sein Studium zu beenden beabsichtige. Jetzt aber fuhr sie herum, fuchtelte mit ihrem Finger und schimpfte: „Nina, red' nicht so! Sonst denken alle, ich hätte dir solche Wörter beigebracht. Dabei hat es sicher dein Mann aufgeschnappt, von seinen Kumpanen auf dem Bau. Wenn du dich ärgerst, heißt das ‚*Mi sono arrabbiata*‘!" „*Si*, Signora!", sagte Nina, nicht besonders schuldbewusst.

Tatsächlich sprachen die meisten Badanti kein Italienisch oder nur ein paar Brocken, wenn sie mit ihrer Arbeit begannen. Und je nach Neigung und Talent lernten sie dann mehr oder weniger schnell von den Rentnern, mit denen sie zusammenwohnten und den großen Teil ihrer Zeit verbrachten. Im Ergebnis sprachen viele der illegalen Altenpfleger ein wundervoll antiquiertes Italienisch, mit Ausdrücken und Floskeln, wie sie sonst eben nur noch von den Alten gebraucht wurden. Im Veneto, wo noch besonders viel Dialekt verbreitet ist, gibt es sogar speziell für die illegalen Altenpfleger ein rumänisch-venezianisches Wörterbuch zu kaufen, damit die Verständigung etwas besser klappt. Überhaupt – manche italienischen Verlage scheinen sich auf die neue Klientel einzustellen: Ich staunte nicht schlecht, als ich einmal in einer Buchhandlung Sprachführer auf Rumänisch, Philippinisch, Ukrainisch und Serbokroatisch durchblätterte: Sie enthielten keineswegs Sätze wie „Ich suche mein Hotel!" oder „Wo geht es denn, bitte schön, zum Kolosseum?" – sondern alles, was der ausländische Käufer eben tatsächlich auf Italienisch klären muss: „Ich bin arbeitslos, habe aber schon als Tellerwäscher in Mailand gearbeitet" etwa. Oder: „Würde ich legal angestellt oder müsste ich schwarzarbeiten?"

Ich weiß nicht, warum – aber irgendwann war Giorgio, der Obdachlose unserer Straße, verschwunden. Sein Smart und der eierschalenfarbene Panda parkten weiterhin an ihrem Stammplatz, bloß blieben sie eben leer, verlassen. Erst dachten wir, dass Giorgio unterwegs sei, doch dann sah man ihn tagelang nicht, schließlich Wochen. Irgendwann war ein Fenster des Panda aufgeschlagen, und ich wunderte mich, wer etwas Wertvolles in dem Auto hätte vermuten können, dessen Fahrraum so verdreckt und verkommen war. Noch immer lagen Flaschen, Pappkartons und Giorgios Decke darin, und jetzt warfen auch noch Vorübergehende Coladosen und anderen Unrat durch das zerschlagene Fenster hinzu. Wieder vergingen einige Wochen – und dann waren Panda und Smart plötzlich verschwunden. Weggefahren. Gestohlen. Abgeschleppt, was weiß ich. „Vielleicht ist Giorgio zurückgekommen und hat sie geholt", sagte Simona. „Ich glaub eher, dass ihm etwas passiert ist und dass die Autos jetzt verschrottet wurden", sagte Michela. Ich hatte ein schlechtes Gewissen. Und wann immer ich künftig in Rom einen schwarzen Smart sah, schielte ich durchs Fenster und hoffte, den Obdachlosen dort unbekümmert sitzen zu sehen. Aber das tat er natürlich nicht. Ich weiß nicht, was aus ihm geworden ist.

## Nachhilfe im Römisch-Sein
## Teil 9: Romantisch wirken am Valentinstag

*Va beh*, es mag schon sein, dass der Valentinstag erst dank der amerikanischen Blumenindustrie so populär wurde. Die Römer nehmen den Tag trotzdem ernst. *Amore* ist schließlich ihre Spezialität, und San Valentino war ein Italiener.[49] Am 14. Februar gilt also: Immer schön romantisch! Besorgen Sie rote Rosen, ein geschmackvolles Präsent, und reservieren Sie rechtzeitig einen Tisch fürs Candle-Light-Dinner: Wie immer in Rom darf's am Essen nicht fehlen. Viele Restaurants bieten eine Valentinstag-*Cenona*, ein mehrgängiges Menü für Verliebte. Lassen Sie sich bloß nicht lumpen!

Wenn Ihnen das alles allerdings zu abgedroschen ist, dann spazieren Sie doch zur Tiberbrücke Ponte Milvio. Das ist Roms angesagtester Wallfahrtsort für junge Verliebte: Nehmen Sie ein kleines Vorhängeschloss, schreiben Sie Ihre beiden Namen darauf, schließen es an einen der Laternenpfähle und werfen den Schlüssel gemeinsam in den Tiber – genau wie in Federico Moccias Roman „Drei Meter über dem Himmel". Ganz originalgetreu ist's leider nicht: Zwischenzeitlich sind nämlich schon mehrere Laternenpfähle unter dem Gewicht der Schlösser zusammengebrochen. Die Stadt Rom hat an ihrer Stelle stabile Säulen aufstellen lassen. Man hat hier eben ein Herz für Verliebte – nicht nur am Valentinstag.

# März – Von Tigern und Teufeln

*Zehnte Lektion, in der ich zur römischen Katzentante mu-*
*tiere – und feststelle, dass Exorzismus in Rom letztlich ein*
*ganz gewöhnliches Handwerk ist.*

WIE KIRCHENKUPPELN UND SÄULENSTÜMPFE gehör-
ten zu Rom auch Streunerkatzen: Von Raufereien gezeichnete
Kater, einäugige Katzendamen und zerzauste Tiger, die unter
geparkte Autos huschten, sobald man sich ihnen näherte. Sie
lebten mehr recht als schlecht in den Parks der Stadt, spazierten mit erhobenem Schwanz übers Forum Romanum und
schlugen sich irgendwie in der Altstadt durch, wo sie gierig
um die Fischstände des Campo-de-Fiori-Marktes strichen und
sich auf den schwarzen Sätteln der Motorini sonnten. Typisch
für Rom waren allerdings nicht nur die Streuner, sondern
auch die dazugehörigen *gattare*[50] – Katzentanten also, Tier-
freundinnen der italienischen Art. Sie adoptierten insgeheim
ein Rudel herrenloser Miezen, kochten abends Farfalle-Nu-
deln für sie, stellten ihnen Thunfischdosen und Trinknäpfe
unter einen Müllcontainer … Und wenn sie etwas informier-
ter waren, brachten sie ihre Streuner zu einer Freiwilligen-
organisation, wo sie geimpft und sterilisiert werden konnten,
bevor sie wieder durch die Straße streifen durften. Ich hätte
nie geglaubt, dass ich in meinen letzten Rom-Monaten noch
eine Art Gattara werden könnte. Doch dann kam Pincio – und
ich wurde eines Besseren belehrt.

„Ich habe eine Überraschung, eine ganz, ganz tolle sogar!", trällerte Simona eines Morgens, als ich noch etwas

schlaftrunken von Daniele zurück in die Via Palestro kam. Simona, sonst eigentlich die Abgeklärteste unter meinen Mitbewohnern, tanzte fast vor Aufregung, und sie zog mich über den Gang zum letzten Zimmer, das sie ja mit Michela bewohnte. Bisher jedenfalls – denn offensichtlich waren sie dort ab sofort zu dritt: In einer Schuhschachtel, weich gepolstert zwischen einem Schal und einer Wärmflasche, saß ein winziges, graues Kätzchen und schaute mich mit großen Augen an. „Ist der nicht niedlich?", hauchte Simona. „Ich hab ihn gestern Abend mit meiner Freundin Roberta gefunden, in der Villa Borghese, oben am Pincio.[51] Von der Mutter keine Spur. Und er hat so jämmerlich gemaunzt, dass ich's einfach nicht übers Herz brachte, ihn da alleine sitzen zu lassen. Du hast doch hoffentlich keine Allergie gegen Katzenhaare?", fragte sie plötzlich und beäugte mich misstrauisch. „Ach was, wir hatten früher selber Katzen!", sagte ich und kraulte den Winzling vorsichtig zwischen den Ohren. Sein Fell war weich wie Flaum, und er hatte unglaublich kleine Tatzen. Das ganze Kerlchen hätte wohl locker in eine Hand gepasst, aber ich wagte nicht, es aus seinem gemütlichen Nest zu heben. Simona schaute auf die Uhr. „Fast halb neun, wir müssen los!", sagte sie und steckte die Schuhschachtel samt Katze unter ihren Arm. „Ich hab mir den Tag freigenommen, damit ich gleich zum Tierarzt mit ihm kann." „Wie heißt er denn? Hat er schon einen Namen?", fragte ich. Simona zuckte mit den Schultern. „Ich dachte, wir entscheiden das später gemeinsam!"

Es wurde schließlich abends um neun, bis wir endlich in Ruhe zusammensaßen – vor uns Bucatini-Nudeln mit selbst gemachtem Pesto von Michelas Mutter, neben uns ein kleiner schlafender Kater in seiner Schuhschachtel. Manchmal zappelte er mit den Beinen, als würde er lebhaft träumen; dabei hatte er den ganzen Tag über nur wenige tapsige Schritte gemacht, uns aber dafür umso mehr auf Trab gehalten. Simona war mit einem Katzenklo, Katzensand, vor allem aber mit Babykatzen-Milchpulver und mehreren winzigen Fläschchen zurückgekommen. Mit denen musste der kleine Kater nun gefüttert werden, alle zwei bis drei Stunden. „Ein Toast auf unseren neuen Mitbewohner!", sagte Martino und erhob sein Wasserglas. „Weil er so klein und kuschelig ist. Und weil er wahrscheinlich nicht stundenlang das Bad besetzen wird wie gewisse andere Leute in dieser Wohnung!" „Damit meinst du mich, nicht wahr?", zischte Michela. „Ich kann's langsam wirklich nicht mehr hören. Beklage ich mich etwa, wenn du dauernd Gitarre spielst? Oder wenn an jedem zweiten Tag Fiorella hier rumhängt? Nörgel' ich deshalb dauernd rum?" „*Ragazzi,* jetzt streitet nicht", sagte Simona beschwichtigend. „Wir wollten uns doch einen Namen für die Katze ausdenken." „Für den Kater", berichtigte sie Martino. „Da war der Tierarzt doch wohl sehr deutlich, nicht wahr? Ich bin nämlich froh, nicht mehr länger die Bürde zu tragen, der einzige Mann hier im Hause zu sein." „Pffffffffff ...", machte Michela. Martino ignorierte sie. „Wie wär's denn mit Eduardo?", schlug ich vor. „Zu altmodisch", fand Simona. „Jimi Hendrix?" – „Carlo?" – „Romeo?" Es war gar nicht so einfach. Martino verbiss sich in die Idee, der Kater müsse einen intellektuellen Namen bekommen, am besten links geprägt, „Antonio zum Beispiel, wie Antonio Gramsci!",[52] rief er. „Niemals! Was hat denn eine Katze mit Politik zu tun?", entgegnete Michela. Am Ende einigten wir uns auf den Namen Pincio: Dort hatte Simona den Kater schließlich gefunden. „Ich bin ja nicht so sicher, ob das alles eine gute Idee ist", flüsterte mir Michela später beim Abwaschen zu. „Simona ist so glücklich, so habe ich sie schon lange nicht erlebt. Aber wer weiß, ob Pincio überhaupt überlebt. Er ist ja erst ein paar Tage alt, und er kann sich auf der Straße alle möglichen Krankheiten eingefangen haben." „Der Tierarzt scheint ja optimistisch gewesen zu sein", flüsterte ich zurück. „Hoffen wir einfach das Beste!"

Um Pincios Appetit zumindest mussten wir uns keine Sorgen machen: Sobald er sah, dass wir Milchpulver anrührten, fuchtelte er vor Aufregung mit seinen kleinen Tatzen durch die Luft, umkrallte dann das Fläschchen und saugte gierig, bis der allerletzte Tropfen weggetrunken war. „Prost! Der hat aber einen gesunden Durst", kommentierte Daniele, der gleich am nächsten Abend zum Katzengucken gekommen war.

Ich war froh, dass ich den Großteil der *Tesi* inzwischen fertig hatte – denn unweigerlich drehte sich alles nur noch um die kleine Katze. Fläschchen machen, Fläschchen geben, Fläschchen waschen. Pincio streicheln, Pincio knuddeln, Pincio jagen. Es war unglaublich, wie schnell der Kater wuchs und wie abenteuerlustig er wurde. Die Schuhschachtel war ihm bald zu klein geworden. Stattdessen flitzte er wie ein Blitz durch die Wohnung, versuchte, am Vorhang hochzuklettern, wetzte seine Krallen am Sofa und kroch in unsere Schuhe hinein. Einmal plumpste er auch ins offene Klo, schrie aber so jämmerlich, dass wir ihn zum Glück gleich fanden und herausfischen konnten. Simona kaufte Pincio einen Katzentragekorb, und mit dem transportierte sie ihn dann wie selbstverständlich auf dem Motorino oder in der Metro – und er schien sich erstaunlich schnell an den Lärm zu gewöhnen. Es war eben eine durch und durch römische Katze.

Eines Spätnachmittags kam ich von Radio Vatikan zurück, und vom Supermarkt, wo ich auf dem Rückweg noch eben schnell eingekauft hatte. An der Kasse hatte ich mich mal wieder über ein merkwürdiges Phänomen gewundert: In ganz Rom schien es nie und nirgends ausreichend Wechselgeld zu geben. Wenn man dreist mit einer 50-Euro-Note bezahlte, obwohl man nur, sagen wir mal, 23,35 Euro ausgegeben hatte, dann wurde man schon sehr schräg beäugt. Die Kassiererin knetete dann den 50-Euro-Schein misstrauisch hin und her, hielt ihn unter eine Testleuchte und fragte schließlich seufzend, ob man nicht wenigstens 3 Euro 35 in Münzen habe. Dann wartete sie, bis man genau diese Summe vor ihr hingezählt hatte, und ließ sie ins proppenvolle Münzfach ihrer Kasse plumpsen. In der gleichen Zeit hätte sie schon längst das Restgeld heraussuchen und sich dem nächsten Kunden zuwenden können – aber das tat sie nicht, nie. Es musste irgendein Wechselgeld-Trauma bei den Kassiererinnen hier geben, das sie veranlasste, immer mehr und noch mehr Münzen anzuhäufen, genau wie Dagobert Duck in seinem Geldspeicher. Aber ich komme vom Thema ab.

An jenem Abend jedenfalls stolperte ich mit zwei vollen Einkaufstüten durch die Tür und sah Simona, wie sie auf allen Vieren durch die Wohnung robbte: „Miez, miez, miez! Pincio! Das ist nicht mehr lustig! Komm schön raus, wenn du hier irgendwo steckst ...!" „Suchst du den Kater?", fragte ich, obwohl das recht eindeutig zu sehen war. „Er ist weg! Ich hab wirklich überall geschaut!", klagte Simona und klang richtig verzweifelt. „Wenn ihn bloß nicht Martino rausgelassen hat – der ist doch immer so trottelig. Oder noch schlimmer! Wenn bloß nicht heute der Ravanelli vorbeigekommen ist!" „Der Wohnungsbesitzer?", fragte ich zweifelnd. Ich erinnerte mich noch gut, wie Ravanelli sich vor ein paar Monaten selbst mit dem Schlüssel hereingelassen und mich zu Tode erschreckt hatte. Das Loch in der Decke, um das es damals ging, war im Übrigen immer noch nicht repariert; Ravanelli diskutierte immer noch mit dem „Stargate"-Hostel, wer denn nun die Kosten tragen müsse. „Nicht, dass ich ihn gut kenne ... Aber ich kann mir nicht vorstellen, dass Ravanelli einfach eine Katze mitnehmen würde, selbst wenn er sie entdeckt hätte und mit ihr nicht einverstanden wäre", sagte ich. Simona seufzte.

„Aber wo ist Pincio denn dann?" Zu zweit durchkämmten wir nochmals die Wohnung. Insgeheim stocherte ich auch mit der Klobürste in unserer Toilette herum und fürchtete schon, auf eine aufgedunsene Katzenwasserleiche zu stoßen. Aber nein – Pincio blieb verschwunden. Bis schließlich irgendwann ein erleichtertes Jauchzen aus der Küche drang. „Ich hab ihn gefunden! Da! Der Madonna sei Dank!" Der kleine, graue Kater war offenbar vor einer Weile in die Waschmaschine geklettert und schlief darin seelenruhig auf fleckigen Geschirrtüchern. Man konnte ihn nur entdecken, wenn man sich hinkniete und in die Trommel spähte. „Gut, dass du ihn gefunden hast. Sonst hätten wir noch versehentlich eine Katzenwäsche gemacht", sagte ich trocken.

Am folgenden Wochenende nahm ich Pincio mit zu Daniele in die Via Todi: Simona und Michela waren zu einer Hochzeit südlich von Neapel eingeladen, und Martino weigerte sich, alleine auf die Katze aufzupassen. „Ich will an meiner neuen Kurzgeschichte schreiben. Und wenn ich einmal richtig versunken bin im Schaffensprozess, dann vergesse ich nun mal die Zeit", erklärte er nebulös. „Der hat bloß keine Lust, sich mit Milchpulver und Katzenklo zu beschäftigen", knurrte Simona. Und schrieb mir eine lange Liste, was ich wann wie wo mit dem Kater machen sollte.

Pincio fuhr routiniert im rostroten Renault 4 mit, inspizierte mit Interesse die unbekannte Wohnung und pinkelte gleich mal in die Küchenecke. Zur Duftmarkierung. „Besser als aufs Parkett", versuchte ich Daniele aufzuheitern. Seine Nichten und Neffen waren zumindest begeistert. Sie tollten mit dem Kater hin und her, ließen ihn hinter Wollschnüren herflitzen, und konstruierten unermüdlich Pincio-Auslaufgehege aus Stühlen und Polstern, die den unbändigen Winzling in die eine Wohnzimmerhälfte verbannen sollten. Doch spätestens nach drei Minuten hatte er immer einen Weg über die Barrieren gefunden.

Ich verbrachte einen guten Teil des Wochenendes vor dem Computer: An einer der päpstlichen Universitäten Roms[53] gab es neuerdings tatsächlich Fortbildungsseminare für Teufelsaustreiber, für Exorzisten; und eine deutsche Zeitschrift hatte angefragt, ob ich nicht für sie einen Artikel darüber schreiben könnte. „Wo soll ich denn einen Exorzisten auftreiben?", jammerte ich. „Die stehen doch sicher nicht im Telefonbuch. Kennst du einen? Oder wenigstens jemanden, der zum Exorzisten gegangen ist?" „Selbstverständlich nicht!", antwortete Daniele säuerlich.

So absurd war die Frage gar nicht gewesen – das zeigte meine Recherche: Während die katholische Kirche in Deutschland seit den 70er Jahren keine Teufelsaustreibungen mehr durchführt und dem ganzen Thema eher skeptisch gegenübersteht, kämpften in Italien rund dreihundert Exorzisten täglich mit dem Satan, mehr als in jedem anderen Land. Eigentlich konnte mich das nicht verwundern: Viele Italiener sind schrecklich abergläubisch. Es galt als ziemlich normal, zur Wahrsagerin oder zu seinem Privatmagier zu gehen. Regelmäßig las ich in der Zeitung von scheußlichen Ritualmorden schwarzer Sekten. Und offensichtlich glaubten eben auch viele Italiener, dass der Teufel sie nicht nur zur Sünde verführen wollte, sondern sich durchaus auch in ihrem Körper breitmachen könnte – oder in dem des nichtsnutzigen Enkels, der hysterischen Cousine, des aggressiven Ehemanns. Allein in Rom jedenfalls gab es neun offiziell bestellte Exorzisten. Und schließlich entdeckte ich, dass sie zwar nicht im Telefonbuch standen, aber genauso selbstverständlich wie Jugendpfarrer und das Hochzeitsamt auf der Homepage der Diözese, unter *Servizio Pastorale di Esorcismo*. „Ich hab einen! Nächste Woche kann ich einen Exorzisten interviewen!", verkündigte ich nach mehreren Telefonaten und mühsamen Überredungsversuchen. „Findest du das nicht gruselig?", fragte Daniele. „Ein bisschen schon", gab ich zu. „Aber ist doch ein tolles Thema für ein Interview."

Ein paar Tage später stand ich vor einem modernen, roten Flachdachbau – der Päpstlichen Universität Regina Apostolorum, ein wenig abseits im Aurelia-Viertel gelegen. Studentinnen mit bunten Rucksäcken strömten aus einer Vorlesung. Ein Grüppchen Jungmänner stand rauchend am Eingang. Und wären nicht zwischendurch immer wieder zackige junge Priester an mir vorbeigeeilt, hätte es sich fast angefühlt wie auf dem Campus einer ganz gewöhnlichen italienischen Uni – bloß gepflegter, nicht so abgewrackt: Dem Staat fehlte Geld für seine Hochschulen; der Kirche offenbar nicht. Ich schlich zu der Exorzistenfortbildung und schaute durch die Glastür in den Hörsaal. Gut besucht, das Ganze – von Zuhörern in Zivil, ein paar Nonnen, vielen Priester. Am Rednerpult referierte an diesem Tag ein Kriminalkommissar über satanische Sekten und ließ Powerpointpräsentationen auf einer Leinwand flimmern. „Der Tatort im Fall ‚Satansbestien'" stand da, oder „Dem Opfer wurden die Augen herausgeschnitten, während es noch lebte". „Haben Sie gut zu uns hergefunden?", fragte hinter mir eine Männerstimme. Ich zuckte zusammen, als müsste ich mit dem Leibhaftigen rechnen – doch natürlich stand da nur Padre B., mit dem ich hier ja verabredet war: der interviewwillige Exorzist. Er war Mitte vierzig, und er trug eine schwarze Soutane, eine Silberrandbrille und ein feines Lächeln zur Schau. „Lassen Sie uns nach unten gehen, da können wir sprechen", sagte der Padre.

Ich hatte mich so gut wie möglich ins Thema eingelesen. Ein Exorzismus, so hatte ich gelernt, bedeutete schlicht: Die

Kirche betete darum, dass jemand vor dem Einfluss des Bösen beschützt oder seiner Herrschaft entzogen wird. Das passierte im Kleinen bei jeder Taufe, wo Schutz vor der „Macht des Satans" erfleht wurde. Für die ernsten Fälle jedoch gab es auch den „Großen Exorzismus" – streng geregelte Gebete, die auf das Jahr 1614 zurückgingen und nur mit Erlaubnis eines Bischofs angewandt werden durften.[54] Padre B. erklärte mir dann auch, dass in dem Unikursus keineswegs neue Exorzisten ausgebildet werden sollten: „Hier soll vielmehr informiert werden ... sensibilisiert. Damit ein Priester überhaupt erkennt, ob jemand zum Psychologen muss – oder zum Exorzisten", sagte er. „Viele Leute bilden sich ja nur ein, dass ein Dämon sie beherrsche. Ist ja auch viel einfacher, seine Schwierigkeiten auf den Teufel zu schieben, nicht wahr?"

„Und wie finden Sie heraus, ob jemand tatsächlich besessen ist?", fragte ich mit möglichst professioneller Mine. „Das ist nicht einfach, aber wir haben da Erfahrung", antwortete der Padre.

Ich war froh, dass mein Aufnahmegerät lief; denn wahrscheinlich hätte ich ansonsten zwischendurch das Mitschreiben vergessen vor lauter Staunen. Unaufgeregt wie ein Mechaniker, der von einer Motorenkontrolle spricht, erläuterte der Padre, was für Kriterien auf die Anwesenheit eines Dämons hindeuteten. Dass selbst zerbrechliche Großmütter plötzlich kaum noch von vier starken Männern gehalten werden könnten. Dass sie beim Gebet in Trance fielen, die Augen verdrehten und dann plötzlich der Dämon metallisch-schrill oder rau aus ihnen spreche. Ungebildete Bauarbeiter oder Kinder könnten manchmal fließend in fremden Sprachen parlieren, in Latein zum Beispiel oder in Alt-Aramäisch, der Sprache Jesu. Der Kontakt mit Weihwasser oder dem Kreuz hinterlasse teils mysteriöse Brandwunden auf der Haut. Und natürlich wisse der Dämon auch Dinge, die der Besessene alleine niemals wissen könne. „Man kann das richtig testen", erklärte der Padre. „Ich stecke zum Beispiel vorher eine Reliquie in ein Säckchen und gebiete dem Dämon, er solle sagen, was sich darin verbirgt. Und dann weiß er, dass es sich zum Beispiel um Knochen von Santa Maria Goretti handelt – einer Heiligen, von der sein Opfer noch nie gehört hat." Manchmal käme es auch zu einer leichten Levitation, zu einem Schweben des Körpers. „Aber ich will da nicht zu viel Sensationsgier schüren", wimmelte der Padre ab. „Nein, natürlich nicht", sagte ich schwach.

Wenn der Padre von einer Besessenheit überzeugt war, begannen die Exorzismen. Meist traf man sich einmal pro Woche für etwa zwei Stunden in einer Kappelle – gemeinsam mit Angehörigen des Besessenen und einigen kräftigen Helfern zum Festhalten. „Aber mir ist es auch wichtig, hinterher die Atmosphäre durch einen Scherz zu lockern und den Betroffenen Mut zu machen", sagte der Padre. „Dank regelmäßiger Exorzismen werden die Besessenen wieder gesund, leben wieder mit Leichtigkeit und Freude, wie sie es getan hatten, bevor der Dämon Besitz von ihnen genommen hatte." Dass Exorzismen in Deutschland im Gegensatz zu Italien nicht mehr ausgeführt wurden, fand er sehr bedenklich. „Wenn es sich um eine wahre Besessenheit handelt, können Arzt und Psychiater nichts ausrichten", behauptete er streng. „Satan und die Dämonen sind keine Erfindung – sondern die objektive Realität. Glauben Sie das einem, der täglich gegen den Dämon kämpft!" Ich bedankte mich für das Interview und fuhr erschöpft zurück in die Via Palestro.

Zum Glück hatte mein Besuch beim Exorzisten keine bösen Nachwirkungen: Ich hatte keine Alpträume, sah nirgends Belzebub, und der Einzige, der sich zwischendurch wie besessen aufführte, war Kater Pincio – aber er war einfach kräftig gewachsen und platzte inzwischen fast vor Kraft. Am liebsten pirschte er sich heran und stürzte sich dann mit Krallen und Zähnen auf unsere Füße, als habe er soeben eine saftige Maus erbeutet.

Eines Nachmittags rief mich Daniele vom Büro aus an. „Ich hab Neuigkeiten", sagte er, während ich vergeblich versuchte, Pincio von einer weiteren Attacke abzuhalten. „Neuigkeiten? Was denn? Ach, Kater, jetzt lass mich in Ruhe…!" „Heute beim Frühstück hat Jochen gesagt, dass er nach Deutschland zurückgeht. Schon zum ersten April", sagte Daniele. „Wie ärgerlich", seufzte ich zerstreut, „dann musst du ja schon wieder einen neuen Mitbewohner suchen!" „Oder eine Mitbewohnerin! Eine richtig nette, gut aussehende, lustige Mitbewohnerin, mit der man gern seine Abende verbringt", sagte Daniele. Hatte der sie noch alle? „Soll dieses Wunderwesen dir dann auch noch deine Hemden bügeln?", fragte ich pikiert. „Meine Güte, *bellezza*, heute bist du aber etwas schwer von Begriff!", lachte Daniele. „Ich hab mich gefragt, ob du vielleicht bei mir einziehen willst. Dir bleiben jetzt schließlich nur noch zwei Monate in Rom, und da dachte ich …" „Nein!", rief ich. „Aua! Halt! – Ich mein' nicht dich, das war die Katze. Daniele, pass auf – das hört sich alles sehr verlockend an. Aber lass uns nochmals heute Abend darüber reden, o. k.?" „Klar. Und ich verarzte dann gleich auch deine Kratzspuren", sagte Daniele.

Sobald ich den Hörer aufgehängt hatte, war mir allerdings schon klar, was ich wollte: Es würde mir zwar leidtun, die Via Palestro zu verlassen … mein schönes Zimmer, meine Mitbewohner, und den kleinen grauen Kater – selbst wenn der jetzt manchmal anstrengend war. Aber der Countdown lief, mir blieb wirklich nicht mehr viel Zeit in Rom. Und die wollte ich möglichst mit Daniele verbringen, gern Tag und Nacht. Allerdings blieb da noch ein Problem: Georg, der neunmalkluge Österreicher, der ja ebenfalls in der Via Todi wohnte. „Es wäre so viel netter, wenn wir hier zu zweit wären", flüsterte ich abends Daniele in der Küche zu – möglichst leise, denn sein Mitbewohner sollte natürlich nichts von den Komplottplänen hören. „Ich weiß, mich nervt er auch!", flüsterte Daniele zurück. „Er beklagt sich auch dauernd über alles – über das Viertel, und dass das Zentrum ihm zu weit weg sei. Ich rede mal mit Isabella, vielleicht hat sie ja eine Idee!"

Isabella? Ach ja – die magische Freizeitmaklerin. Seit sie mir vor fast einem Jahr mein WG-Zimmer besorgt hatte, hatte ich nichts mehr von ihr gehört. Doch jetzt wusste sie tatsächlich von einem kleinen, bezahlbaren Studio nahe der Innenstadt, das wie geschaffen war für Georg. Daniele sprach mit ihm von Mann zu Mann – und schilderte wahrscheinlich, wie unerträglich unser Pärchengeglucke in der Via Todi werden würde.

Lange Rede, kurzer Sinn: Georg zog aus, und ich zog ein. Zwei Mal Hin- und Herfahren mit dem Renault genügte, dann waren all meine Habseligkeiten in Danieles Wohnung. Für meine alte WG hatten wir nach einem halben Casting-Samstag schnell eine Nachfolgerin gefunden – eine lockige Medizinstudentin, die zumindest so tat, als würde sie Katzen mögen. Simona war da bei der Auswahl streng gewesen. Es hätte wenig gefehlt, und sie hätte Pincio auf die verschiedenen Kandidaten losgelassen, um zu sehen, in wessen Fuß er besonders genussvoll biss.

„Ich werde euch vermissen!", sagte ich, als ich meinen Schlüssel zurückgab, und spürte einen Kloß im Hals. „Wir vermissen dich sicher auch", seufzte Michela. „Komm immer vorbei, wenn dir danach ist", sagte Simona. „Eigentlich müsste ich noch auf der Gitarre ein Abschiedsständchen für dich spielen!", erklärte Martino. „Mach' lieber ein kleines Willkommenskonzert für die Neue, die freut sich bestimmt!", sagte ich und umarmte ihn schnell. Küsschen links, Küsschen rechts, weitere Umarmungen. Und dann fuhr ich ein letztes Mal mit dem klapprigen Aufzug nach unten, eingeklemmt zwischen mehreren Koffern und zwei Engländerinnen, die offenbar genau wie ich die Via Palestro verließen.

### Nachhilfe im Römisch-Sein
### Lektion 10: Einen nächtlichen Cornettobäcker finden

Die italienischen Frühstückshörnchen, *cornetti*, gibt es in jeder Bar. Mal sind sie saftig, mal viel zu bröselig, mal bergen sie ein Marmeladenherz, mal vanillesüße Creme. Tagsüber sind Cornetti nichts Besonderes. Aber nachts, ja, spätnachts – da werden die jungen Römer zu Jägern, die den Duft frischer Hörnchen wittern und nicht ruhen, bis sie mit einer ofenwarmen Tüte wieder auf der Straße stehen. Die *cornettari notturni*, die nächtlichen Hörnchenbäcker, sind Kult – auch, weil sie so schwer zu finden sind. Ja, klar, Sie können auch zu einer neonbeleuchteten Bar gehen, die unkompliziert Ihre Cornetto-Lust befriedigt. Aber das ist nicht das Gleiche. Ein echter *cornettaro* hat nämlich kein Ladenlokal, sondern nur eine verratzte Backstube, in der dann ab Mitternacht frische Hörnchen aus dem Ofen purzeln – für die Lieferungen am nächsten Morgen, aber auch für alle Nachtschwärmer, die ein paar Münzen ins aufgestellte Holzkästchen stecken. Zuvor müssen Sie allerdings dunkle Höfe überqueren, wacklige Treppen hinaufsteigen und an rostigen Eisentüren klopfen ... Wie Sie einen solch magischen Ort finden? Indem Sie das Vertrauen eines Cornetto-süchtigen Römers gewinnen. Und lassen Sie sich eine sehr, sehr gute Beschreibung geben! Sonst stehen Sie nämlich mitten in der Nacht im völlig falschen dunklen Hinterhof.

# April – Zusammen

*Elfte Lektion, in der ich mit einem römischen Drachen kämp-
fe, mich vor Champagnerbädern schaudere – und mich endlich richtig zu Hause fühle.*

ENTGEGEN ALLER RÖMISCHEN SITTEN hatte Danieles
Wohnhaus keinen Portier. Es brauchte auch keinen: Im Erdgeschoss wohnte nämlich Signora Leda. Manchmal musste
ich an die philosophische Frage denken, was wohl zuerst da
gewesen war: das Ei oder die Henne? Die unbändige Neugier
der Signora oder eine Wohnung mit Beobachtungspotenzial?
Signora Ledas Fenster lag jedenfalls direkt rechts neben dem
Hauseingang. Sie sah genau, wer wann mit wem nach Hause
kam, kommandierte ungefragt die Putzkolonne und hatte sich
irgendwann bei der Eigentümerversammlung den Schlüssel
zum gemeinsamen Heizkesselraum gesichert. Blieb der Aufzug stecken, was mit schöner Regelmäßigkeit geschah, klingelte der Alarm direkt in Signora Ledas Wohnung; sie kam dann
eifrig herangeschnauft, um dem Unglücklichen die Leviten
zu lesen, denn irgendetwas hatte er sicher bei der Aufzugs-
bedienung falsch gemacht. Den Rest des Tages verbrachte Signora Leda an ihrem Fenster, und sie hielt jeden an, der durch
die Haustür wollte. *„Tu! Vieni qua!"*[55] – das war der Schlacht-
ruf der Signora, mit dem sie ihre Opfer ans Fenster rief.

Daniele mochte Signora Leda natürlich nicht, und sie
mochte ihn auch nicht, ganz und gar nicht. Schließlich gehörte er zu dieser fragwürdigen WG im dritten Stock – eine
Wohnform, die es nach Ansicht der Signora in einem ehr-

baren Haus nicht geben dürfte. Und nicht nur das: Daniele lebte dort auch noch meistens mit Ausländern.

Nun war ich ja bereits fast ein Jahr in Danieles Wohnung ein- und ausgegangen, hatte längst einen eigenen Schlüssel, und mit schönster Regelmäßigkeit hatte ich dort auch übernachtet. Aber plötzlich war alles anders: Jetzt war ich schließlich wirklich eingezogen. Eine Frau! Die *fidanzata!* Ohne Anstand, Skrupel, und vor allem: ohne Trauschein! „Keine Chance, dass der Leda das entgangen ist", sagte ich düster. Tatsächlich zwang mich die Signora schon in der ersten Woche zum obligatorischen Vorstellungsgespräch. „*Tu! Vieni qua!*", rief sie von ihrem Fenster, als ich mich eines Nachmittags unauffällig durch die Haustür quetschen wollte. „Da ist heute ein Paket für dich gekommen." Sie hatte Erpressungsmaterial! „Ich habe das Paket zu mir in die Wohnung genommen", erklärte sie genüsslich. „Nicht dass es einer stiehlt, wenn es im Flur rumliegt, verstehst du? Aus Deutschland bist du also, soso. Seit wann bist du in Rom? Was machst du hier? Wie lange bleibst du?" In dem Paket waren ein Schoko-Osterhase von meiner Mutter und ein Nest voller Lindt-Eier. Nach dem etwa zwanzigminütigen Verhör durch die Signora aß ich sofort die Hälfte – das hatte ich jetzt einfach verdient.

Sobald ich's allerdings einmal bis in die Wohnung geschafft hatte, gab es keinen Grund zur Klage. Es war schön, mit Daniele zusammenzuleben. Es fühlte sich ... richtig an. Ganz natürlich. Wir hätten schon viel früher zusammenziehen sollen, anstatt auf meine allerletzten Monate in Rom zu warten. Morgens frühstückten wir gemeinsam am Küchenklapptisch, oder ich begleitete Daniele bis zur nächsten Straßenecke, und wir tranken im Stehen Cappuccino in der Bar. Tagsüber ging ich zu Radio Vatikan oder arbeitete an der beinahe abgeschlossenen *Tesi*. Und abends kochten wir, oder es kamen Freunde vorbei, oder wir spazierten bis zur Piazza Re di Roma und aßen dort das cremigste Kokosnusseis der ganzen Stadt.

Im Übrigen fand ich es auch interessant, plötzlich in einem ganz normalen römischen Viertel zu wohnen, denn die Via Palestro mit ihren Billighotels war ja alles andere als typisch gewesen. In der Via Todi hingegen verrieten schon die Klingelschilder vieles über die Psyche der Römer. Die meisten ließen es sich beispielsweise nicht nehmen, ihre Titel an die Tür zu schreiben, und zwar möglichst pompös. *„Avvocato S. Borgomeo“*[56] stand da dann, *„Ingeniere F. Di Piero“*[57] oder *„Dottoressa Meli“*. Damit wussten zwar Vertreter (und Einbrecher?!) direkt, woran sie waren; aber die Eitelkeit war offenbar wichtiger als solch praktische Überlegungen. Dass Italiener aufgeblasene Titel liebten, konnte mich allerdings kaum verwundern. Was sollte man schon erwarten in einem Land, in dem sich Politiker gern als *„Onorevoli“* ansprechen ließen, also als „Ehrenwerte“, egal wie viel Dreck sie am Stecken hatten? Silvio Berlusconi nannte sich sogar *„Cavaliere“*, also „Ritter“.[58] Allerdings wollte ich mich auch nicht allzu laut über die Titelvergabe lustig machen – denn schließlich würde ich hoffentlich in wenigen Wochen selbst zur *„Dottoressa“* ernannt. Das hörte sich wundervoll bombastisch an, auch wenn es nur dem Magister- oder Master-Abschluss entsprach und man deshalb nicht wie in Deutschland tatsächlich eine Doktorarbeit schreiben musste.


Was mir sonst noch in der neuen Wohnung auffiel? Die Nachbarinnen unterhielten sich sehr gern von Fenster zu Fenster schreiend über den Innenhof. Ein alter Herr über uns spielte ganz hervorragend Cello. Und offensichtlich schwelte ein Dauerstreit darüber, wer wann die wenigen Tiefgaragenplätze benutzen durfte. „Aaaaaah! Schon wieder ein Brief von der Hausverwaltung! Der Parkplatzkrieg geht weiter!“, stöhnte

Daniele. Die Tiefgarage war wie das Haus in den 6oer Jahren gebaut worden: Hinter einem Eisentor führte eine steile Rampe nach unten; an deren Ende musste man dann scharf einschlagen und möglichst rückwärts zwischen hinterhältig platzierten Betonsäulen einparken. Ich wunderte mich, dass die meist ältlichen Nachbarn überhaupt in der Lage waren, ihr Auto in eine der Lücken zu bugsieren. Aber jedenfalls gab es deutlich weniger Plätze als Autos. Und so hing in der Eingangshalle jeden Monat ein Rotationsplan, wer wann in welcher Lücke parken durfte.

Man konnte leicht erahnen, wer sich vor 17 Jahren für die Erstellung des Rotationsplans gemeldet hatte und seitdem diese Machtposition nicht aufgeben wollte: natürlich Signora Leda. Und wenn ihr jemand nicht sympathisch war, wurde er bei der wechselnden Parkplatzvergabe übergangen. „Kennst du den allein lebenden Schnauzbart aus dem vierten Stock?", fragte Daniele. „Der hatte lange kein Auto, und deshalb bekam er auch nie einen Garagenplatz zugeteilt." Seit ungefähr einem Jahr fuhr der gute Mann jetzt aber den Golf einer Tante. Weil das Auto jedoch nicht auf seinen Namen gemeldet war, wollte Signora Leda das nicht gelten lassen und überging ihn weiterhin bei der Garagenplatz-Rotation. „In Wirklichkeit ist das ihre Rache, weil der Typ immer Zigarettenkippen vor die Haustür wirft", sagte Daniele. Der Schnauzbart hatte sich jedenfalls nach dem Streit mit Signora Leda einen Parkplatz in einer kostenpflichtigen Garage angemietet, und die saftigen Gebühren für das erste Jahr dort verlangte er nun von der Hausgemeinschaft zurück. „Jetzt schalten sich die Anwälte ein, damit auch ja noch ein paar Jahre gestritten werden kann", erklärte Daniele seufzend.

Ich hatte meinen eigenen Häuser-Kummer: Anfang Juni sollte ja meine Ausbildung an der Journalistenschule in Hamburg beginnen. Und irgendwo würde ich dann ja wohnen müssen. Mir widerstrebte es, extra für die Zimmersuche hinzufliegen und kostbare Romzeit zu verschwenden. Also mailte ich mit Dutzenden WGs, bis zwei Studentinnen schließlich Erbarmen hatten und mir – unbesehen, aber nach längerer schriftlicher Befragung – ein winziges Zimmer im schönen Stadtteil Ottensen zusicherten. Die Vorfreude auf Hamburg hielt sich trotzdem in Grenzen. Ja, klar, ich hatte einen der wenigen Ausbildungsplätze ergattert, und jetzt wollte ich an diese Schule! Aber ich war auch vollkommen überzeugt, dass mir nach Rom nun die grässlichste Zeit meines Lebens bevorstand. Ständig kamen Bücherladungen und strenge Briefe der Schulleitung, was wir noch alles vor Ausbildungsbeginn bewältigt haben müssten (Stenographie-Kurs! Sämtliche Bücher von Sprachpapst Wolf Schneider lesen!). Außerdem fürchtete ich, dass außer mir nur Genies im Lehrgang sitzen würden, die zweifellos allesamt ehrgeizig und arrogant sein würden. „Vielleicht sollte ich einfach hierbleiben", sagte ich eines Abends zu Daniele. „In Rom, und bei dir. Ich könnte mir einen Job suchen, vielleicht als Deutschlehrerin an einer Sprachschule." Daniele sah mich lange an. „Ich würde so gerne Ja sagen", sagte er dann. „Und ich würde gern behaupten, dass alles gut wird, wenn du nicht fährst. Aber ich glaube nicht, dass du auf Dauer glücklich wärst. Sprachschule statt Journalistenschule, begriffsstutzige Schüler anstatt großer Reportagen. Willst du das wirklich?" „Wahrscheinlich nicht", murmelte ich.

Ostern nahte. Die Zierkirschenbäume in Roms Straßen blühten üppig. Überall drängelten sich Pilgergruppen. Und aus kurzen Hosen lugten die ersten käsigen Touristenbeine heraus, während die Römer selbstverständlich noch ihre Mäntel trugen – Frühlingssonne hin oder her.

Ich hingegen hatte den letzten Kampf mit meiner *Tesi* zu kämpfen: Der Textteil war fertig, selbst die obligatorische Zusammenfassung auf Italienisch hatte ich schon geschrieben. Jetzt musste ich noch einen dicken Stapel an Akten und Fotos einscannen – und dann alles Korrektur lesen und ausdrucken. Es war eine nervige Kleinarbeit, die jeder Student irgendwann kennen- und hassen lernt: Ständig sprangen Überschriften auf die nächste Seite, verschwanden Fußnoten im Nichts. Dann stürzte regelmäßig der Computer ab. Und wenn's gerade gut lief, war garantiert plötzlich die Patrone des Druckers leer, und er spuckte nur noch hellgrau gestreifte Blätter. Es war aber auch eine Herkulesaufgabe für den alten Klapperkasten – denn letztendlich hatte ich gut 250 Textseiten geschrieben, dazu kam ein dicker Anhang. „*Brava*, du bist genauso langatmig, wie man's an unseren Unis zu schätzen weiß", lästerte Francesca. „Dein Professor wird begeistert sein – und wahrscheinlich nur die Hälfte lesen." Immerhin konnte sie mir eine günstige Druckerei empfehlen, ganz in der Nähe der Universität Sapienza.

Im überfüllten Bus dorthin umklammerte ich meine Tasche, als trüge ich die britischen Kronjuwelen spazieren. Objektiv betrachtet war mein Papierstapel für die Taschendiebe zwar kaum besonders anziehend – aber ich konnte mich nicht entspannen: Es steckte einfach zu viel Arbeit in diesen Blättern. Die Angestellte in der Druckerei wusste das allerdings ebenfalls kaum zu schätzen: Sie pfefferte meine *Tesi* ungerührt in ein Regal, wo eine ganze Reihe weiterer Abschlussarbeiten aufs Drucken warteten. „Welchen Einband?", fragte sie gelangweilt. „Was ist hier denn so üblich?", fragte ich zögernd zurück. Entweder die Gute hatte Verkaufssinn und meine Unsicherheit gewittert; oder die Italiener schätzten wieder einmal Stil und große Gesten. Jedenfalls erklärte die Verkäuferin mir, dass sämtliche Abschlussarbeiten aufwändig wieein Buch gebunden und dann mit einem Leinen-, Seiden- oder einem teureren Ledereinband versehen würden. Die meisten ließen dann noch – für Extrageld pro Buchstabe – in Goldlettern Name und Titel aufs Cover drucken. Meist wurden nicht nur pflichtgemäß die Professoren der Prüfungskommission damit beglückt, sondern auch die weitverzweigte Familie.

„Blau und Rot sind die klassischen Farben für den Einband, mit denen machst du nichts falsch. Aber ich kann dir auch sehr schöne Grün- und Brauntöne zeigen", säuselte die Verkäuferin inzwischen erstaunlich freundlich; wahrscheinlich hoffte sie auf gute Einnahmen. Ich entschied mich für einen weinroten Leineneinband ohne Schnickschnack. Die Freundlichkeit erlosch.

Da ich schon einmal in der Gegend war, hatte ich Martino angerufen, der auf dem großen Sapienza-Campus seine Vorlesungen hatte. Wir trafen uns auf einen Kaffee in einer überfüllten Studentenbar, und Martino erzählte von der Via Palestro und von einem Schreibwettbewerb, bei dem er eine seiner Kurzgeschichten eingereicht hatte. Jetzt lauerte er täglich dem Postboten auf, wartete bisher aber vergeblich auf Antwort. „Aber was soll ich hoffen – ich habe ja sowieso immer Pech", seufzte er theatralisch. „Wie letztes Wochenende. Fast wäre ich nämlich reich geworden!" „Nein", sagte ich. „Doch!", sagte Martino. Er hatte offenbar mal wieder – sein heimliches Laster – auf den Ausgang der zweiten italienischen Fußballliga gewettet, bei einem halbseidenen Buchmacher, der besonders gute Gewinnquoten bot. All sein intellektuelles Gehabe hielt Martino nämlich nicht davon ab, sich auch noch für einen gewieften Fußballkenner zu halten. „Ich hatte alles genau kalkuliert", behauptete er, „meine Rangfolge war goldrichtig, es blieben nur noch zwei Minuten zu spielen ... Aber dann hat Brescia ein wirklich faules Tor kassiert, und damit kam die ganze Tabelle durcheinander. 700 Euro hätte ich sonst gewonnen, *porca miseria!* Und ich hatte mir alles schon so schön ausgemalt." „Was wolltest du mit dem Gewinn denn machen?", fragte ich. „Fiorella einladen und mit einem Champagnerbad überraschen", erklärte Martino wehmütig. Ich dachte an die fleckige, kleine Badewanne in der Via Palestro: In ihr klebten rosarote Anti-Rutsch-Füßchen, über ihr brummte ein staubiges Gebläse. Und ich stellte mir vor, wie Martino dort ernsthaft Flasche um Flasche Veuve Clicquot hineingeschüttet hätte, weil das seiner Klischeevorstellung von Romantik entsprach. „Ich hab eben immer Pech", wiederholte er nochmals kopfschüttelnd. „Fiorella freut sich sicher auch, wenn du einen guten Prosecco öffnest und ihr den Nacken massierst", sagte ich tröstend.

Am Sonntag waren wir bei Sonia und Maurizio zum Teetrinken eingeladen; es gäbe auch eine großartige Überraschung, hatten die beiden verkündet. Auf dem Weg dorthin hielten wir bei der „Pasticceria Fortunato", der besten Konditorei des Viertels. Sie hatte selbstverständlich auch an Sonn- und Feiertagen geöffnet, denn gerade dann war der Andrang kolossal. „Gemischte Mignon für sechs, aber ohne Alkohol!", bestellte eine Dame vor uns, während ihr Pudel zwischen den vielen Kundenbeinen winselte. „Legen Sie ruhig noch ein paar Cannoncini dazu", sagte ein glatzköpfiger Rentner, „die isst meine Enkelin doch so gern." Die Verkäuferinnen hinter der Theke waren hektisch, und ihre Silberzangen flitzten zwischen den winzigen Törtchen hin und her. Da gab es mit Creme gefüllte Windbeutelchen, klitzekleine Tiramisu-Tartellets, in Rum getränkte Babbà und knusprige Sfogliatelle. Bunt durcheinander wurden sie auf goldene Papptabletts gestapelt, dann in Konditorenpapier gehüllt und mit Geschenkband verschnürt. Ich liebte diese appetitlichen Pakete: In der ganzen Stadt sah man am Wochenende Leute mit ihnen herumspazieren, denn die Törtchen waren bei Einladungen ein verbreitetes Mitbringsel, üblicher sogar als Blumen. Eigentlich konnte das nicht überraschen: Die Römer waren nun mal Feinschmecker – aber beim Kuchenbacken überraschend einfallslos. Schokotorte und Käsekuchen? Zwetschgendatschi und Guglhupf? So etwas beherrschte hier kein Mensch. *La mamma* schob höchstens eine langweilige *crostata* in den Ofen – einen trockenen Mürbeteigkuchen, auf den Marmelade oder Nutella geschmiert wurde.

Wir waren nicht die einzigen Gäste, die noch in einer Pasticceria vorbeigeschaut hatten: Bei Maurizio und Sonia standen schließlich drei Törtchentabletts auf dem Esstisch. Unablässig strich ich um sie herum und fragte mich, wie viel Süßkram ich essen könnte, ohne allzu gierig zu wirken. Noch ein Erdbeerhäppchen vielleicht? Noch ein winziges Schokoladen-Bigné? Zum Glück griff auch Sonia unübersehbar häufig zu. „Aber ich darf das jetzt", grinste sie irgendwann in die Runde. „Ich habe nämlich ab sofort eine großartige Entschuldigung fürs Dickwerden." „War's *das*, was ihr uns sagen wolltet?", rief Paolo. „Du bist schwanger!", jubilierte Deborah. „Ach, wie großartig! *Auguri*, ihr beiden – herzliche Glückwünsche!" Alle redeten durcheinander. Die Männer klopften Maurizio auf die Schultern, wir Frauen begutachteten Sonias Bauch, der tatsächlich – jetzt, wo man's wusste – bereits ein wenig Babywölbung aufwies. „Dreizehnte Woche!", erklärte Sonia stolz. Oder waren's heute doch eher die vielen Törtchen?

Die Jungs fachsimpelten bald darauf wieder über Fußball, denn gerade spielte Juventus gegen Milan, was bedeutenden Einfluss auf die gesamte Tabelle haben könnte, wenn AS Rom gleichzeitig auch noch ... blablabla. Terry, Deborah und Sonia hingegen fachsimpelten über Babythemen, als hätten sie allesamt bereits mehrere Schwangerschaften hinter sich. Was half gegen Morgenübelkeit? Was hatte die Nackenfaltenanalyse ergeben? Durfte Sonia nun noch Salami essen oder wegen Listeriosegefahr besser nicht?

Italiener lieben nichts mehr als Kinder … zumindest erwarten Ausländer das stets von ihnen, genau wie charmantes Casanovatum und einen Hang zur Melodramatik. Tatsächlich liegt Italiens Geburtenrate europaweit auf einem der letzten Plätze: Nur 1,33 Kinder bekommt die Italienerin im Durchschnitt, obwohl sie sich eigentlich 2,2 Kinder wünschen würde. Fast nirgendwo sonst klaffen Wunsch und Realität so weit auseinander. In einer Stadt wie Rom können sich viele eine große Familie schlicht nicht leisten. Die Wohnungen sind winzig, mit Mitte dreißig warten viele noch immer auf einen festen Vertrag, und selbst zwei Gehälter reichen oft kaum, um über die Runden zu kommen. Kindergeld? Die Höhe ist in Italien lächerlich. Betreuungsplätze? Gibt's fast nur bei der Oma. Wer sich trotz aller Widrigkeiten auf das Projekt „Bambino" einlässt, steht also unter immensem Druck. Der kleine Engel soll glücklich werden! Alle glücklich machen! Den römischen Verkehr überleben! Und in der Schule soll er glänzen, damit er später einmal bessere Chancen hat!

Die Römerinnen von heute sind keine entspannten Mütter, selbst im Vergleich zu den Deutschen nicht. Sie hetzen von der Arbeit heim, um aufwändig Babybrei zu kochen, weil gekaufte Gläschen doch niemals schmecken könnten. Sie lassen ihre Kinder erst allein in den Park, wenn sie so alt sind, dass bei den Jungs schon fast der Bart flaumt. Bei Geburtstagsfesten liefern sie nicht einfach nur Klein Matteo ab, sondern bleiben persönlich zur Beaufsichtigung da – was für die Gastgeber ein Dutzend tobende Kinder plus ein Dutzend kaffeetrinkende Erwachsene bedeutet, und abends wahrscheinlich einen Nervenzusammenbruch.

Auch die Schwangerschaft an sich betrachten Römer nicht gerade mit Leichtigkeit, wie ich in den nächsten Wochen bei Sonia sah. Wie in allen Lebenslagen bei den Römern, drehte sich auch jetzt viel ums Essen. An Sonias Kühlschrank hingen zwei lange Listen – was sie in welcher Menge zu sich nehmen sollte und was sie laut ihrer Frauenärztin nicht anrühren durfte. Von Rohmilchkäse, Räucherlachs oder nicht durchgebratenem Fleisch wird Schwangeren wohl in ganz Europa abgeraten; aber schwangere Italienerinnen essen auch niemals Salate oder Gemüse, die sie nicht höchstpersönlich fünf Mal gewaschen und entkeimt haben, aus Angst vor der Bakterienkrankheit Toxoplasmose. Ich habe das unfreiwillig bei einem Abendessen entdeckt, zu dem Paolo und Terry eingeladen hatten. „Bah", keuchte ich, „der Salat schmeckt ja scheußlich! Hat da jemand Chlorwasser drübergeschüttet?" Ich schnupperte angewidert. Ein stechender Geruch hing über den grünen Blättern auf meinem Teller, wie Bleichmittel, frisch aus der Chemiefabrik. „*Scusa*, du hast die Schüsseln verwechselt!", sagte die schwangere Sonia. „Den Salat hier hab ich extra für mich gemacht." „Aber er stinkt!", protestierte ich. „Ach was, das ist doch bloß *Amuchina*", sagte Sonia. „Benutzt ihr das etwa nicht? Das ist ein Desinfektionsmittel. Riecht nicht gut, aber man kann damit auch Lebensmittel behandeln."[59] Sprach's, aß den Salat – und bat Maurizio wenig später, ob er sie nicht nach Hause fahren könnte, weil sie sich nicht gut fühlte. Die anderen schoben das selbstverständlich auf die Schwangerschaft – ich dachte an das chemische Stinkemittel. Keimfrei oder nicht: So etwas konnte einfach niemand ungestraft essen!

Die Römer sind nun mal übervorsichtig, und zwar schon Monate, bevor ihr Kind wirklich geboren ist und sie dann für den Rest ihres Lebens zu Panikattacken treiben kann. Diese Grundangst machen sich auch die Ärzte zunutze, mit allerlei zusätzlichen Untersuchungen und Analysen. Sonias Schwangerschaft gedieh prächtig, ihr Bauch wuchs, alles schien völlig normal. Aber den Ärzten gelang es trotzdem problemlos, sie von einer Fruchtwasserpunktur zu überzeugen, „vorsichtshalber" und für mehr als 600 Euro, obwohl sie noch jung war, zu keinerlei Risikogruppe zählte und der Eingriff selbst als nicht ungefährlich galt. „Das lassen hier inzwischen praktisch alle machen", erzählte mir Terry hinter vorgehaltener Hand. „Niemand will am Kind sparen, bevor es auch nur geboren ist. Auch die Kaiserschnittquote steigt ständig. Viel ist da doch reine Geldmacherei!" Aber wer sollte auch schon auf einer natürlichen Geburt bestehen, wenn sein Arzt sorgenvoll den Kopf wiegt und abrät? Tatsächlich werden in Italien inzwischen mehr als vierzig Prozent der Kinder per Kaiserschnitt ins grelle OP-Licht gehoben – ein weltweiter Rekord. Die Privatklinik „Mater Dei" in Rom, im schicken Stadtteil Parioli, rühmt sich gar, weil ihre Quote bei 84 Prozent liegt und sie das für fortschrittlich hält.[60]

„Wir werden ja sehen, wie es bei Sonia läuft. Ich bin wirklich langsam neugierig auf dieses Baby", sagte ich – und stockte. Bei der Geburt würde ich ja längst nicht mehr in Rom sein. Schon seit Monaten nicht! Das Leben würde hier selbstverständlich ohne mich weitergehen. Doch meine Zeit hier war fast vorbei, das Jahr praktisch abgelaufen. Ich spürte ein Ziehen in der Magengrube – unangenehmer, als es selbst ein Amuchina-getränkter Salat je hätte schaffen können.

## Nachhilfe im Römisch-Sein,
## Teil 11: Für ein Fußballteam fiebern

Verraten Sie bloß nicht, dass Sie am liebsten Biathlon mögen – damit kommen Sie in Rom nicht weit. Sie brauchen einen Fußballclub, eine *squadra*, mit der sie jubeln und weinen können. Worüber wollen Sie sonst am Montag mit den Kollegen reden, na? Ich rate zu einem gelb-roten Schal und einem künftigen Leben als AS Rom-Fan – zumindest, wenn wahre Leidenschaft in Ihnen brodelt. *Romanisti* leben für ihren Club. Als sie nach 18 schmählichen Jahren 2001 endlich wieder die Meisterschaft gewonnen hatten, ließen sie in jeder römischen Straße Girlanden und Wimpel wehen, bemalten nachts sämtliche rote Autos mit gelben Kringeln – und zeigten den Schlappschwänzen vom Lokalrivalen S. S. Lazio wochenlang, wie man richtig feiert. *Laziali* gelten bei den *Romanisti* nämlich als emotionslose „Bauern"; angeblich stammen sie allesamt aus dem Umland und nicht aus dem Herzen der Ewigen Stadt. Einen wie Francesco Totti sucht man in ihren Reihen tatsächlich vergebens: durch und durch Römer und *Romanista*, geboren in einen Clan eingefleischter Fans. Kein Millionenvertrag hat ihn jemals weglocken können vom Tiber, von Rom, von seinen Gelb-Roten. Mag der Rest von Italien lästern über seinen rotzig-römischen Dialekt und seine angebliche Beschränktheit: Totti grinst, spuckt in hohem Bogen und sammelt die Witze, die über ihn erzählt werden. Millionen Totti-Witzbücher hat er so verkauft und den Erlös an die Unicef gespendet. Ein Großmaul mit Herz ist er – die Romanisti lieben ihn dafür.

# Mai – Hin und weg

*Zwölfte Lektion, in der ich zwar einer Saubohnen-Vergiftung entkomme – aber nicht dem Abschiedsschmerz.*

DER ERSTE MAI WAR EIN FEIERTAG IN ITALIEN. Natürlich war er das. „Wir haben die Arbeiterbewegung doch fast erfunden – oder zumindest ausgiebiges Streiken!", hatte Francesca auf meine Nachfrage hin behauptet. Zur Feier des Tages war der Nahverkehr in Rom halb lahmgelegt: Auf der Piazza San Giovanni organisierten die Gewerkschaften nämlich Jahr für Jahr ein gigantisches Rockkonzert. Mehrere hunderttausend Leute pilgerten dorthin, schwenkten rote Fahnen und jubelten den zwei Dutzend Bands zu, die im Laufe des Nachmittags und des Abends auftraten. Eigentlich wollten Daniele und ich ebenfalls hingehen – aber am Morgen des ersten Mai fühlte ich mich nicht nach Menschenmassen und lauter Musik, ganz und gar nicht. „Willst du unbedingt zum Konzert?", fragte ich vorsichtig, noch immer im Nachthemd und mit Zeitung im Bett. „Irgendwie ist mir das heute zu anstrengend. Gibt's nichts anderes, was ihr Römer sonst so am ersten Mai unternehmt?" „Ich wüsste schon etwas", sagte Daniele. „Aber dazu müssen wir erst was ausprobieren. Wart' mal kurz!" Ich hörte ihn in der Küche zum Kühlschrank gehen und mit einer Papiertüte knistern. Dann kam er zurück, steckte mir drei hellgrüne ovale Bohnenkerne in den Mund, und während ich kaute und schluckte, betrachtete er mich halb prüfend, halb sorgenvoll. „Und", fragte er dann, „wie fühlst du dich?" Wie sollte ich mich schon fühlen? „Waren das Zauberbohnen, und ich müsste plötzlich fliegende Untertassen sehen? Oder dir für immer verfallen sein?", fragte ich. Daniele grinste. „Schön wär's! Aber mach dich nicht lustig – man muss anfangs wirklich vorsichtig sein mit diesen Dingern. Das waren *fave*. Saubohnen. In Rom macht man traditionell am ersten Mai eine Landpartie und isst dabei rohe Saubohnen mit Pecorino – wenn man's eben verträgt."

So lernte ich den Favismus kennen, eine durchaus verbreitete, ernsthafte Krankheit, von der ich noch nie in meinem Leben gehört hatte. Favismus war erblich, und offenbar kam dieser kleine Gendefekt vor allem bei Italienern recht häufig vor, aber auch bei Schwarzafrikanern, Chinesen und Indern: Ein bestimmtes Enzym funktionierte nicht, was normalerweise überhaupt keine Probleme mit sich brachte. Doch sobald ein Betroffener ungekochte Saubohnen – oder einige wenige andere Lebensmittel – zu sich nahm, kam es zu einer rasanten Abnahme der roten Blutkörperchen mit Fieber, Schüttelfrost, Bauchschmerzen, teilweise Schock. Im schlimmsten Fall konnten die Nieren versagen, offensichtlich gab es ab und zu sogar Todesopfer. „Hast du noch nie die Schilder gesehen, die im Moment vor vielen Gemüseläden hängen?", fragte Daniele. „Da steht dann: ‚Achtung, wir verkaufen frische *fave*' oder so. Manche Leute reagieren schon auf den Blütenstaub der Dinger." „Bäh, du hast mir mit deinen Krankheitsgeschichten den Appetit verdorben", jammerte ich. „Die Bohnen sind mir jetzt wirklich unheimlich."

Natürlich kam der Appetit dann später wieder, als wir – vom Favismus völlig unbeschadet – durch die Valle della Caffarella spazierten. Es war ein gigantischer, wilder Park, der irgendwann auf die Via Appia Antica stieß und sich noch weit in den Süden Roms erstreckte. Insgesamt war das Gelände zehn Mal so groß wie der New Yorker Central Park, bloß längst nicht so gepflegt. Ich war immer wieder erstaunt über die enormen Grünflächen, die der Moloch Rom zu bieten hatte. Viele der Parks hatten früher zu Adelspalästen gehört, und nach denen hießen sie auch: Villa Doria-Pamphili etwa, Villa Ada oder Villa Torlonia. Am bekanntesten war aber natürlich die zentrale Villa Borghese, die direkt ans historische Altstadtzentrum grenzte. Die Römer nutzten sie als erweitertes Wohnzimmer, als Gartenersatz – denn wer hatte so etwas schon mitten in der Großstadt? Hier lernten die Kinder Fahrrad fahren, Pärchen lagen knutschend im Gras, und Rentner spazierten gesetzten Schrittes an Skulpturen und pseudo-antiken Tempelchen vorbei. Bei schönem Wetter war wirklich jeder Quadratmeter Rasen besetzt, auf den Wegen drängelten sich Inlineskater und Jogger. Doch eigentlich störte das keinen: Je rummeliger, desto besser – das schien die Meinung der Villa-Borghese-Fans zu sein.

Im Caffarella-Park sah's da ganz anders aus: riesige Brachflächen, kleine Wälder, ein zugewucherter Bach. Irgendwann stießen wir sogar auf ein halb verfallenes Gehöft, vor dem Kühe grasten, und aus dem Gebüsch brachen laut meckernd weiße Ziegen hervor. Schließlich ließen wir uns auf einer Hügelkuppe nieder, im Schatten einer alten Steineiche. Daniele breitete eine Picknickdecke aus, zog Knusperbrot, ein gewaltiges Stück Pecorino und die Papiertüte mit den *fave* hervor. Und dann lümmelten wir da sehr gemütlich und knackten Saubohnen. Ihre Schale war dick, dunkelgrün, und von innen weich wie Samt. Die Bohnenkerne lagen in ihr wie in einer Schmuckschatulle, bevor sie – kombiniert mit Stückchen vom würzigen Pecorino – in unseren Mündern verschwanden. „Ach, haben wir's gut!", seufzte ich. „Hier fühlt sich's wirklich fast an wie auf dem Land. Bist du hier mit Paolo als Kind oft hergekommen? War doch sicher ideal zum Räuber-und-Gendarm-Spielen!" „Genau das war's!", sagte Daniele trocken. „Bloß dass die Räuber damals absolut in der Überzahl waren."

Bis vor ein paar Jahren war das gesamte Gebiet offenbar vollkommen verwahrlost gewesen, ein Niemandsland, das anständige Bürger nicht betraten. Drogenhandel blühte und Prostitution, in den uralten Tuffsteinhöhlen hausten Flüchtlinge und Bettler. Und natürlich hatte manch ein Schlauberger einfach Land besetzt, Stacheldraht drum herum gezogen und sich einen illegalen Schrebergarten angelegt oder sogar ein Haus hochgezogen. „Von denen gibt's immer noch eine Menge. Ich zeig's dir nachher auf dem Rückweg", sagte Daniele. „Wer besonders dreist war, hat sogar einfach antike Ruinen mit eingezäunt und weigert sich bis heute, das Land wieder freizugeben." So war das oft in Rom: Kultur und Chaos lagen mitunter erstaunlich nah beieinander.

Die erste Maihälfte verflog, mein Prüfungstermin rückte immer näher. Daniele nahm sich Urlaub, um mich nach Florenz begleiten zu können, und auch Francesca beschloss mitzukommen. Eigentlich konnten keine großen Überraschungen passieren: Alle meine Studienleistungen waren schon im Vorfeld zusammengerechnet worden. Auch an der *Tesi* ließ sich nichts mehr ändern: Professor Collini hatte sie, galant wie immer, abgesegnet, und ich hatte einen Stapel gebundener Drucke zur Professorenkommission nach Florenz geschleppt. Die letzte mündliche Prüfung war also eher eine Formsache. Zwar saßen bei solchen Anlässen auch Freunde, Studienkollegen und die zu Tränen gerührten Eltern im Publikum, da Italiener dramatische Auftritte nun mal lieben. Aber fürs Bestehen würde es genügen, nicht wie ein vollkommener Trottel zu wirken, der seine *Tesi* auf Ebay ersteigert und vor der Abgabe nicht einmal durchgelesen hat. Eigentlich gab es also keinen Grund nervös zu sein. Ich war es aber doch – in ungeahnten Ausmaßen.

Daniele, Francesca und ich waren frühmorgens mit dem

Intercity nach Florenz gefahren. Und da ich vorsichtshalber Streiks, Achsenbrüche und mehrere Schienenselbstmörder eingerechnet hatte, waren wir viel zu früh an der Piazza Brunelleschi, die ich von meinem Florenzjahr noch gut kannte. Hier stand die Lettere-Fakultät, hier studierten die Geisteswissenschaftler. Mit Jutetaschen und Rucksäcken schlurften die einen zu ihren Vorlesungen – die anderen hatten sich mit Kaffee eingedeckt und fläzten auf dem gelblichen Rasen des Säuleninnenhofes. Am Eingangstor stand auch wie immer ein Junkie, der den Vorbeigehenden billig ein Fahrrad andrehen wollte, das er am Vorabend geklaut hatte. Doch das alles nahm ich gar nicht richtig wahr. Ich sah bloß das Schild, das zu einer der kleinen Aulas wies: *Discussione della Tesi di Laurea*, dann eine Namensliste. Fünf Kandidaten traten heute zur Abschlussprüfung an, ich würde die Zweitletzte sein. Nach mir kam noch mein guter, alter Unifreund Thomas, mit dem ich in Bonn und Florenz studiert, viel Chianti getrunken und so manches öde Seminar überstanden hatte. Thomas war natürlich die Ruhe selbst, und das machte mich nur noch nervöser. Fieberhaft blätterte ich in meiner *Tesi* herum. „Ich muss dich mal kurz allein lassen", flüsterte Daniele mir zu, aber ich nickte nur, blätterte und zitterte, bis mir Francesca schließlich die *Tesi* wegnahm und einen Tee in die Hand drückte. „Du schaffst das, und es wird gar nicht so schlimm!", sagte sie beschwörend.

Natürlich hatte sie recht. Schon kurz nach der Prüfung wusste ich nicht mehr, was die gewichtig dreinblickende Professorenriege eigentlich gefragt hatte. Aber irgendwie hatte ich wohl auf Italienisch geantwortet, ohne mich allzu peinlich zu verhaspeln, hatte irgendetwas von Kunstraub erzählt und den Auswirkungen auf die deutsch-italienischen Beziehungen. Dann zogen sich die Professoren zu einer kurzen Beratung zurück; und anschließend lächelten sie plötzlich sehr freundlich und teilten das Endergebnis mit. „Da haben Sie wirklich eine schöne Arbeit abgeliefert, *Dottoressa!*", gratulierte Professor Collini und benutzte gleich meinen schicken neuen Titel. Daniele drückte mich und überreichte mir einen Strauß rote Rosen. Den hatte er heimlich gekauft, als er mich während meiner Zitterphase kurz alleine ließ. Vor lauter Aufregung war mir danach gar nicht aufgefallen, dass er über eine Stunde lang Blumen hinter seinem Rücken versteckt hielt, während er mich mit dem freien Arm beruhigend umarmte.

Eine dreiviertel Stunde später war auch Thomas offiziell *„Dottore"*, und mit Florentiner Bekannten gingen wir in unser früheres Stammcafé Brunellesco, um mit Prosecco anzustoßen. „Wisst ihr noch, wie nasskalt es hier im Winter war?" – „Wie wir im Frühjahr abends immer am Arno saßen?" – „Und wie du einen Hasen am Stück gekocht hast und wir ihn dann mit einem winzigen Messer auseinandersäbeln mussten?"

Plötzlich schien alles schon furchtbar weit weg, das Jahr in Florenz, das Studentenleben. Und bald würde auch meine Zeit in Rom nichts anderes sein: eine nostalgische Erinnerung, eine Ansammlung von Anekdoten. Wahrscheinlich würde ich im neuen Hamburger WG-Zimmer Fotos aufhängen, von den Säulenstümpfen am Forum Romanum und von Daniele und mir, wie wir am Aventin auf der Aussichtsterrasse stehen: unbekümmert, lachend – unter uns die schönste Stadt Italiens und vor uns noch viele gemeinsame Monate. Wie schnell die Zeit verronnen war! Dass sie sich nicht anhalten ließ, genau in einem Moment wie jetzt! „Schau nicht so traurig, *bellezza!*", raunte mir Daniele zu, der offenbar genau verstand, was in mir vorging. „Heute ist dein großer Tag, da ist kein Platz für trübe Gedanken!" Dann küsste er mich. Das war stets das beste Argument, um mich aufzuheitern.

Zwei Wochen blieben mir noch, und ich war fest entschlossen, sie so gut wie möglich zu genießen – auch wenn das nicht einfach war. Plötzlich gab es unzählige kleine und große Abschiede zu überstehen. Ich ging ein letztes Mal zu Radio Vatikan, saß ein letztes Mal bei der Nachrichtensendung im Studio und räumte danach wehmütig meine Schubladen aus. Ich besuchte ein letztes Mal Simona, Michela und Martino in der Via Palestro und kraulte den Bauch von Kater Pincio. Vor allem aber nutzte ich die freien Tage, um durch die Stadt zu streifen, wieder und wieder. Ich fühlte mich, als müsste ich möglichst viele Rombilder speichern, damit ich sie im regennassen Hamburg vor meinen Augen tanzen lassen könnte. Wie sich der dunkelblaue Himmel abhob von den roten Dächern, den ockerfarbenen Kuppeln. Wie in Trastevere die Wäsche flatterte, als hätte sie jemand drapiert. Wie meine Schritte in den engen Altstadtgassen hallten. Und wie es schmeckte, in ofenwarme, duftende *Pizza bianca* zu beißen, die ich beim Campo-de-Fiori-Bäcker kaufte.

Sogar unser Hausdrachen, Signora Leda, erschien mir nicht mehr ganz so furchterregend. *„Tu! Vieni qua!"*, kommandierte sie mich am letzten Tag an ihr offenes Fenster. „Du gehst aus Rom weg, habe ich gehört?" „Ja, morgen früh. Leider", antwortete ich. „Und? Wirst du's vermissen?", fragte die Leda. *„Tantissimo"*, sagte ich, wohl eine Spur zu inbrünstig, und die Signora lachte so sehr, dass ihr dicker Busen waberte wie Gelatinetörtchen beim Erdbeben. „Ja, ja, so ist's! Wer einmal in Rom gelebt hat, hat an die Stadt sein Herz verloren. Und an die Römer. Das musst du noch sehen, ob du deinen Fidanzato da oben" – sie deutete Richtung Danieles Wohnung – „nochmals loswirst im Leben!" „Als ob ich das wollte", brummte ich. Die Leda gackerte schon wieder, als hätte ich etwas sehr, sehr Lustiges gesagt.

Mit der milden Stimmung der Signora war's allerdings schon am gleichen Abend vorbei, denn ich machte eine Abschiedsparty, und so spazierten unentwegt fremde junge Menschen ins Haus. Paolo und Terry waren gekommen, Stefano und Deborah, die schwangere Sonia; meine alten Mitbewohner und ein paar der Radiokollegen; Freunde von Daniele, die ich im Lauf des Jahres kennengelernt hatte. Und natürlich war Francesca da, meine Lieblingsrömerin, und es gab Essen, Wein und ziemlich laute Musik.

Es war schon sehr spät, als Daniele und ich schließlich alleine waren, als wir auf dem Balkon saßen, todmüde und gleichzeitig viel zu aufgekratzt zum Schlafen. Die Nacht war noch immer schwülwarm, der Sommer hing schon in der Luft, und wir hielten uns an den Händen und schauten zum römischen Nachthimmel, an dem man wie immer kaum Sterne sehen konnte, wegen Smog. „Wir telefonieren. Wir mailen. Wir besuchen uns", murmelte Daniele unser Mantra, das ich in den letzten Tagen unermüdlich wiederholt hatte. „Wir schaffen das schon. Oder etwa nicht?" Und dann schaute er mir ernst in die Augen.

Ich hatte ihm nicht verraten, dass ich bei meinem letzten Spaziergang zum Trevi-Brunnen gegangen war, zur altehrwürdigen, marmornen Touristenfalle. Ich hatte mich zwischen knipsenden Koreanern und einer französischen Schulklasse bis ans Wasser gedrängelt, und dann hatte ich sehr bedächtig das ganze Münzfach meines Portemonnaies in den Brunnen geworfen, schön Stück für Stück, und vorschriftsmäßig über die Schulter. Der letzten Münze sah ich nach, wie sie durchs Wasser trudelte und schließlich auf den Boden des Brunnens sank. Und in diesem Moment wusste ich: Nicht nur die Liebe zu Rom würde bleiben – auch die zu meinem Römer, zu Daniele.

„Natürlich schaffen wir das", sagte ich also fest.

Am nächsten Morgen fuhr mein Zug.

# Anmerkungen

[1] Italienisches Frühstückshörnchen; ähnlich wie ein Croissant, aber nicht so buttrig.

[2] Das sagen Italiener stets, wenn sie einem Glück wünschen wollen. Wörtlich übersetzt heißt „In bocca al lupo" allerdings „ins Maul des Wolfes". Woher das kommt? Konnte mir bisher noch keiner erklären. An meinem Ankunftsmorgen fand ich den Ausdruck aber besonders passend: Schließlich ist die Wölfin ja Roms Wappentier.

[3] Jochens Standardgericht: Pasta vom Vortag, die er mit gefrorenen Erbsen und sehr vielen Zwiebeln auf höchster Flamme anbriet. Die Zwiebeln waren danach das, was Deutsche als „gut geröstet" bezeichnen; Italiener halten sie dann schlicht für verbrannt. Wenn Daniele sich abends mit seinen Freunden traf, schnupperten die an ihm, erkannten den kokeligen Bratgeruch und feixten: „Bei dir hat wieder der Deutsche gekocht, stimmt's?" Trotzdem war Jochen wohl seit Langem sein Lieblingsmitbewohner.

[4] „Schauen wir mal!"

[5] Ein ewiger Hit über die Ewige Stadt; die Liebeserklärung an Rom stammt aus der Feder des Italo-Barden Antonello Venditti. *„Quanto sei bella Roma quand'è sera / quando la luna se specchia / dentro ar fontanone ..."* („Was bist du schön, Rom, sobald es Abend wird / wenn der Mond sich in dem großen Brunnen spiegelt ...").

[6] Geisteswissenschaften

[7] Die kleine römische Tageszeitung „il manifesto" ist so etwas wie das italienische Gegenstück zur TAZ – nur noch deutlich weiter links angesiedelt. Gegründet in den 70er Jahren, wird sie von einem Journalistenkollektiv betrieben. Die Auflage ist inzwischen auf etwa 30.000 geschrumpft. Unter Intellektuellen in Rom (oder denen, die's gern wären) gehört die Lektüre unbedingt zum guten Ton.

[8] Ein süditalienischer Auberginenauflauf

[9] Früher wurde dazu vor allem Kalbsdarm genommen, aber seit dem Aufkommen von Rinderwahn ist das verboten. Ungewöhnliche Gerichte wie *Pajata* gibt es kaum in den Trattorien der touristischen

Altstadt, sondern eher noch im alten Schlachthof-Viertel Testaccio oder noch weiter außerhalb, zum Beispiel bei „Betto e Mary" in der Gegend von Tor Pignattara. Und: Ja, natürlich habe ich Pajata selbst probiert. Ich fand sie lecker, selbst als ich verstand, worum es sich handelte!

¹⁰ Tabakladen, gibt's in Rom an jeder Straßenecke. Auch bei Nichtrauchern eine beliebte Einrichtung, da es neben Zigaretten auch Bustickets, Hustenbonbons, Briefmarken, Kugelschreiber und so ziemlich allen anderen Kleinkram gibt, den man zwischendurch gebrauchen kann.

¹¹ „Römischer Sommer"

¹² Deutscher Titel: Diebe haben's schwer

¹³ Der Begriff „Ferragosto" kommt vom Lateinischen „feriae augusti". Ebenfalls am 15. August feiern die Katholiken außerdem Mariä Himmelfahrt. Das ist auch in einigen Regionen außerhalb Italiens – zum Beispiel in Bayern – ein Feiertag, aber keinesfalls gleichzusetzen mit dem kollektiven Urlaubswahn zu Ferragosto.

¹⁴ „Schön, dass Ihr gekommen seid!"

¹⁵ Andrea ist in Italien ausschließlich ein Männername. Dass in Deutschland Mädchen so heißen, sorgt regelmäßig für Erheiterung.

¹⁶ *Fare una bella figura* heißt in etwa „eine gute Figur abgeben" oder „einen guten Eindruck machen", und das ist in Italien enorm wichtig. Wie der bekannte Journalist Beppe Severigni schreibt: „*Never judge a book by its cover* klingt in italienischen Ohren unverständlich. Nein, wir beurteilen ein Buch nach dem Einband, einen Politiker nach seinem Lächeln, den Anwalt nach seinem Büro, die Sekretärin nach ihrem Auftreten, die Lampe nach ihrem Design, ein Auto nach seiner Form und die Menschen nach ihren Titeln (nicht zufällig ist jeder vierte Italiener Vorsitzender von irgendetwas)." Entsprechend funktioniere auch die Werbung, so Severigni: „Niemand wirbt damit, wie gut sein Produkt funktioniert; nein, erklärt wird uns, wie unwiderstehlich wir sein werden, wenn wir es kaufen." (aus B. Severigni, „Überleben in Italien", Karl Blessing Verlag)

¹⁷ Damit Lateinfreunde auch bei modernen Begriffen nicht in Verlegenheit kommen, hatte Paul VI. 1976 die Stiftung Latinitas gegründet. Die gibt seitdem ein Wörterbuch heraus mit neu geschaffenen lateinischen Begriffen. Beispiele? „Barkeeper": *tabernae potoriae minister* (wörtl.: „Diener der Trinkgaststätte"); „Handgranate": *pyrobolus manualis* (wörtl.: „Handfeuerwurfkörper"); „Playboy": *iuvenis*

*voluptarius* (wörtl.: „junger Lüstling"); „Smog": *fumus et nebula* (wörtl.: „Rauch und Nebel"); „Kondom": *tegumentum* (wörtl.: „Überzug, Bedeckung"); Wodka: *valida potio Slavica* (wörtl.: „starkes slawisches Getränk").

18 Das war 1268 nach dem Tod von Clemens IV., die Neuwahl fand in Viterbo statt. Um die Kardinäle zur Einigung zu drängen, schloss die Stadt sie schließlich bei Wasser und Brot in den Episcopalpalast ein und ließ dort sogar das Dach abdecken, damit sie es schön ungemütlich hätten. Schon 1241 hatten die Römer das Wahlkollegium einmal aus Verzweiflung eingeschlossen; die Kardinäle einigten sich deshalb aber nicht wesentlich schneller auf einen neuen Papst, beklagten sich jedoch bitter über die miese Behandlung.

19 „Es lebe das Brautpaar!"

20 Was mir damals niemand erzählt hat: Der Zivil-Ritus in Rom ist unglaublich kurz. Ein Beamter mit grün-weiß-roter Schärpe über dem dicken Bauch liest den gesetzlichen Eheparagrafen vor, das Brautpärchen sagt „Si!", tauscht zackig den Ring, unterschreibt – und schon ist alles vorbei. Kein persönliches Wort, keine Ansprache, nichts. Die Zeremonie dauert insgesamt höchstens zehn Minuten. Danach wird allerdings natürlich genauso üppig weitergefeiert wie nach einer kirchlichen Hochzeit auch.

21 Autobahnring um Rom

22 Auch die Farbwahl ist zu beachten: Himmelblau oder Rosa für Taufen, Grün für Verlobungen, Rot für den Uni-Abschluss und für Geburtstage, Weiß für Kommunion, Firmung und natürlich für Hochzeiten; außer man heiratet schon zum zweiten Mal, dann wäre Gelb die korrekte Mandelfarbe.

23 Selbst italienische Kinder frühstücken prinzipiell Kekse, was bei uns fast ein Fall fürs Jugendamt wäre. Römer hingegen weinen beinahe vor Mitleid, wenn man ihnen erzählt, dass deutsche Kinder manchmal einfach nur belegte Brote als Abendessen bekommen. Ohne eine warme Mahlzeit, am besten erst Pasta, dann ein Hauptgericht mit Fleisch und Gemüse, würden sie ihren Nachwuchs niemals zu Bett schicken.

24 Offizielle Bezeichnung: „Belastung durch staatliche Regulierungen"

25 Man füllt zwar keinen Lotterieschein aus, wenn man als Grundschullehrer, Postbote oder Finanzbeamter arbeiten will, aber das italienische Verfahren ist ein ähnliches Zitterspiel mit unbestimm-

tem Ausgang: Alles läuft über *concorsi*, über öffentliche Wettbewerbe, die alle Jubeljahre ausgeschrieben werden. Weil es nur wenige Posten gibt, strömen dann abertausende Interessenten zum Prüfungsort, wo sie meist über mehrere Runden schriftliche Tests bestehen müssen. Bei Finanzbeamten mag das funktionieren, vielleicht sogar bei Postboten, auch wenn ich zu gerne wüsste, was dort bei den Prüfungen gefragt wird. Ob man so allerdings pädagogisch einfühlsame Grundschullehrer findet, bleibt dahingestellt.

[26] Sehr bekannt ist beispielsweise das toskanische Saturnia, und da gibt es beides: ein schickes und kostenpflichtiges Thermalbad – und eine naturbelassene heiße Quelle, die sogar über Wasserfälle dahinplätschert und in der man einfach frei baden kann.

[27] Das gilt für den Stadtverkehr, das zielgerichtete Radeln von A nach B. Der Römer benützt Fahrräder nur am Wochenende, wo er damit im Park der Villa Borghese im Kreis fährt. Neuerdings werden allerdings auch zunehmend Fahrradwege in gewöhnlichen römischen Wohnvierteln eingeweiht. Sie sind zwar meist nur wenige hundert Meter lang und enden an der nächsten vierspurigen Straße, aber es ist schließlich der gute Wille, der zählt.

[28] Faustschlag

[29] Unfreundlich ist hingegen, wenn Sie gebeten werden, selbige Eier mit Ihrer Nerverei nicht kaputt zu machen – *„Nun rompe li cojoni!"*

[30] In ordentlichem Italienisch hieße das *„figlio di una puttana"*.

[31] „Mutti bleibt halt Mutti!"

[32] Auf Deutsch: Borretsch oder Gurkenkraut; ich hab das Ganze später im Internet gegoogelt.

[33] Für Italiener ist es völlig abwegig, dass kleine Kinder ohne *formaggino* aufwachsen können: Das ist ein ziemlich geschmackloser Weichkäse, der in goldverpackten Ecken verkauft wird. Größere Kinder essen ihn geschmolzen auf den Nudeln, doch schon bei kleinen Babys wird er in den Brei gemengt – beziehungsweise in die *minestrina*. Ihre ersten Essversuche machen italienische Babys nämlich keineswegs mit Hipp-Karottengläschen, sondern sie bekommen frische Fleisch- oder Gemüsebrühe gekocht, in die dann winzige Pastastückchen, püriertes Gemüse und eben Formaggino gemischt wird. Zum Schluss darf eine Portion Parmesan nicht fehlen, nein, auch bei den Allerkleinsten nicht. „Das schmeckt doch sonst nicht!", würde jede italienische Mutter empört erklären.

<sup>34</sup> Die deutsche Übersetzung für *cotechino* ist „Schlackwurst", und das hört sich in etwa so appetitlich an, wie *cotechino* aussieht. Es handelt sich um eine sehr große, grobe, fette Wurst, die in Wasser gekocht und dann in Scheiben geschnitten wird. Eine Variante davon ist der *zampone*, der zu allem Überfluss auch noch wie ein Schweinefuß geformt ist. Aber wie so oft täuscht der erste Eindruck: Trotz des unschönen Äußeren schmecken die Würste eigentlich ziemlich gut. Das Schwein symbolisiert an Silvester den Überfluss, die Linsen stehen für die vielen, vielen Münzen, die man im neuen Jahr bekommen soll. Wenn man das Ganze bloß nicht um Mitternacht präsentiert bekäme, nachdem man endlich glücklich und vollgefressen bei Panna cotta oder Eisbombe angekommen war!

<sup>35</sup> Der Legende nach hatten die Heiligen drei Könige die Befana nach dem Weg zum Jesuskind gefragt. Die Alte war erst zu faul, mit ihnen mitzugehen, aber dann bereute sie's, packte einen Korb mit Süßigkeiten – und fand dann wiederum selbst den Weg zur Krippe nicht. Also verteilte sie ihre Gaben in den Häusern auf dem Weg, in der Hoffnung, irgendwo vielleicht doch das Jesuskind zu beglücken.

<sup>36</sup> „Ich hab Dich lieb!"

<sup>37</sup> Optimisten sagen, die Metro C könne Ende 2011 in Betrieb gehen, ein Teil der Metro D möglicherweise 2015.

<sup>38</sup> Wörtlich: „Erlaubnis!"

<sup>39</sup> Das Gleiche gilt im Übrigen, noch in verschärfter Form, im Flugzeug. Mehrere Stunden mit ausgeschaltetem Handy empfindet der Römer als echte Qual. Sobald seine Maschine also auf der Landebahn in Fiumicino aufgesetzt hat, während sie gerade noch ausrollt, schaltet er sein *cellulare* wieder an und teilt seinen Liebsten umgehend mit: „Ja. Ich bin gerade gelandet. Nein, ich bin noch im Flugzeug." Holländische und deutsche Stewardessen giften daraufhin über die Lautsprecher, dass Mobiltelefone erst beim Verlassen des Flugzeugs benutzt werden dürfen; ihre italienischen Kollegen haben das längst aufgegeben. Vielleicht warten sie auch selbst auf eine dringende SMS.

<sup>40</sup> Blödmann

<sup>41</sup> „Die müssen sich eben irgendwie helfen." Über die Kunst des „*arrangiarsi*" habe ich ja bereits berichtet.

<sup>42</sup> *Barbone* bedeutet eigentlich „Vollbart" oder „bärtiger Mann", bezeichnet aber längst auch Menschen ohne Wohnsitz. Es gibt sogar eine weibliche Form des Worts, *la barbona*.

43 *Zingarelli* ist ziemlich abschätzig und heißt wörtlich übersetzt etwa „Zigeunerchen". Rund um die Hauptstadt leben etwa 7000 legal registrierte Angehörige der Roma-Clans; fast die doppelte Zahl an Illegalen kommt noch einmal hinzu. Es gibt eine Handvoll legaler Camps, die deshalb nicht weniger verarmt und trostlos sind. Dazu kommen noch mindestens zwanzig weitere illegale Barackenlager am Tiberufer oder am Rand von Schnellstraßen. Unter allen Randgruppen haben die Roma wahrscheinlich den schwersten Stand.

44 Bordelle sind in Italien seit den 50er Jahren verboten, und so gibt es keine offiziellen Rotlichtviertel wie in Hamburg etwa oder in Amsterdam. Trotzdem gibt es schätzungsweise bis zu 70.000 Prostituierte, die vor allem auf der Straße arbeiten. Regelmäßig werden Gesetzesänderungen diskutiert, um die missliche Lage der Frauen zu verbessern.

45 Falls jemand kein Schwäbisch versteht: „Schön ist sie schon, oder? Meinst du, die ist echt?" Ich bin ja gebürtige Schwäbin und muss immer grinsen, wenn ich sehr vertraute Töne fernab der Heimat höre.

46 *„Clandestini",* die „Heimlichen" – ein weiterer gern benutzter Ausdruck für alle Ausländer ohne Aufenthaltsgenehmigung.

47 Die Politik hat das riesige Problem erkannt – und dass das italienische System der Altenpflege ohne die ausländischen *badanti* zusammenbrechen würde. Immer wieder gibt es deshalb Legalisierungswellen. Allerdings wollen auch längst nicht alle Altenpflegerinnen registriert werden und somit Steuern und Sozialabgaben bezahlen: Statistiken zeigen, dass gerade die Frauen aus Osteuropa meist nicht planen, sich dauerhaft in Italien niederzulassen, sondern nach wenigen Jahren zurück in die Heimat wollen – mit möglichst viel Erspartem.

48 *Cazzo* = männliches Geschlechtsteil; *incazzarsi* = sich aufregen (s. November, „Nachhilfe im Römisch-Sein, Teil 6: Kräftig fluchen").

49 Er stammte aus der umbrischen Stadt Terni.

50 Der Ausdruck kommt von *gatto* = Katze. Roms berühmteste *gattara* war wohl die Schauspielerin Anna Magnana: Sie lebte in der Nähe des Largo Argentina, wo von jeher eine Katzenkolonie zwischen den Tempelresten lebte. Heute haben Freiwillige dort ein richtiges Katzenrefugium eingerichtet, mit mehreren hundert Tieren. Die Problematik der Streuner können sie freilich nicht lösen: Schätzungen zufolge leben auf Roms Straßen 180.000 wilde Katzen.

51 Aussichtsplattform am Rand der Villa Borghese, von der aus man über die Altstadt bis zum Petersdom hin blickt.

52 Schriftsteller und Philosoph, Mitbegründer der Kommunistischen Partei Italiens (1891–1937); sein Grab findet sich auf dem *Cimitero Accatolico* in Rom, dem verwunschenen, historischen Friedhof für Ausländer und Nichtkatholiken. Dort liegen unter anderem auch John Keats und der Sohn von Goethe. Und es ist ein besonders beliebter Platz von Streunerkatzen, die sich auf den warmen Marmorplatten der Gräber sonnen.

53 In der Ewigen Stadt gibt es mehr als ein halbes Dutzend Päpstlicher Universitäten, die meist von bestimmten Ordensgemeinschaften betrieben werden, etwa von Salesianern, Franziskanern oder Domenikanern. Unterrichtet werden natürlich Theologie, meist auch Philosophie, und teilweise Fächer wie Sozialwissenschaften, Pädagogik oder Kanonisches Recht. Am renommiertesten ist die jesuitische *Pontificia Università Gregoriana*. Die Fortbildungsseminare für Exorzisten bot zeitweise das *Athenaeum Pontificium Regina Apostolorum*, das von der erzkonservativen Ordensgemeinschaft der „Legionäre Christi" geführt wird.

54 1999 sind die Texte des „Großen Exorzismus" reformiert worden, und seitdem rät die Kirche auch, in jedem Fall einen Arzt oder Psychologen hinzuzuziehen.

55 „Du! Komm her!" Gegenüber den betagteren Hausbewohnern ließ sie sich auch zu einem etwas höflicheren *„Signore! Venga, venga!"* herab. Prinzipiell war ich in Rom aber immer wieder erstaunt, wie selbstverständlich man noch mit Mitte zwanzig, Mitte dreißig, wahrscheinlich sogar noch mit Anfang vierzig von Gemüsehändlern, Verkäuferinnen und anderen Fremden geduzt wurde. Ähnlich lief es mit dem Ausdruck *„ragazzo"*, Junge, und *„ragazza"*, Mädchen. Wenn Ihnen jemand etwas von einem *ragazzo* bei ihm im Büro erzählt, kann der gut und gern Geheimratsecken haben und vierzig Lenze zählen.

56 Anwalt

57 Ingenieur

58 Er hat den Titel zugegebenermaßen nicht erfunden. 1977 bekam Berlusconi als Unternehmer den Orden *„Ordine al Merito del Lavoro"* verliehen, und der geht mit dem Titel *„Cavaliere del Lavoro"* einher – „Ritter der Arbeit". Auf so eine schicke Bezeichnung kommen selbstredend nur Italiener.

59 Selbst ohne Schwangerschaft waschen die meisten Römer übrigens Salat und Obst keineswegs nur mit Wasser. Sie fügen dann *bicarbonato* hinzu, das in der Zusammensetzung Backpulver ähnelt und wenigstens geschmacklos ist.

60 Laut *Corriere della Sera* steigt die Kaiserschnittquote in Latium jedes Jahr weiter an. „In zehn Jahren wird beinahe jede Frau hier ihr Kind in einem Operationssaal auf die Welt bringen", erklärt ein Angestellter der *Agenzia per i servizi sanitari del Lazio* (ASP). In Deutschland werden etwa 27 von 100 Kindern durch einen Kaiserschnitt entbunden; in den Niederlanden sind es nur 14 Prozent.